現実主義の避戦論

戦争を回避する
外交の力

薮中三十二

PHP

目次

現実主義の避戦論——戦争を回避する外交の力

第一章 「平和国家・日本」の終焉

第二章 日本の安全保障・近代史を概観する

第三章 避戦のための外交努力

第四章 戦後の日本の歩み——日本国憲法と日本の防衛戦略

第五章 プーチンの侵略を止める手立てはなかったのか

第六章 勃発した中東危機

第七章

日本にとっての安全保障上の脅威

基本文書集

第一章

「平和国家・日本」の終焉

近づく「戦争」の足音

「戦争」が「平和」を圧倒している。

二〇二二年二月に始まったロシアのウクライナ侵攻が日本を大きく揺さぶり、「平和国家・日本」を時代遅れのものとした感がある。「ウクライナで起きていることは、日本の周りでも起きるかもしれない」、いや、「ウクライナの次は日本だ」といった指摘が飛び交い、日本も戦争に備え、しっかりと準備をしなくてはいけない、というムードが日本列島を覆い始めた。

ある日本の全国紙は、「戦後の日本の平和は、空気のようなものだった。ロシアのウクライナ侵略は日本の一部に残る『空想的な平和主義』が無力で、無責任な考えである点を浮き彫りにした」と決め付けた。「さらば空想的平和主義！　中国はこうして抑えよ」などといった煽り文句の本が「元自衛隊最高幹部」によって語られ、ついには、「戦う覚悟」が必要だという驚くべき言葉が有力政治家の口から飛び出した。

戦後七十八年間続いた日本の平和は、尊くもなく、否定されるべき時代、「平和主義」

は現実を直視しない空想であり、唾棄《だき》すべきものだ、と言わんばかりである。

私は四十年間、外務省で働いてきたが、その間、常に自分の頭の中にあったのは、日本が平和で、国民が豊かに、安心して過ごせるような環境を作ることだった。日本が太平洋戦争に突き進んだ一九三〇年代、そこでは陸軍が政治を圧迫し、軍国主義の足音が日本国内に鳴り響き、軍国主義に反対する声は非国民、危険思想として弾圧されていった。対外的には、満洲の地で関東軍が満洲事変を引き起こし、国際連盟の場で日本が批判されると、国際連盟から脱退してしまった。そしてヒットラー率いるドイツと連携し、三国同盟の道に突き進み、ついには真珠湾攻撃に突入した。この太平洋戦争で三〇〇万人以上の日本人が犠牲になり、戦争は二度と起こしてはならないとの強い思いを持って、日本人は戦後を生きてきたはずだった。

私は、戦後七十八年間続いた日本の平和は、決して否定されるべきものではないと確信している。日本国憲法、その第九条が平和憲法の根幹をなしている。この日本国憲法は日本人自身の手で書かれたものではなく、それを後生《ごしょう》大事に崇《あが》めているのはおかしいという主張がある。自主憲法を日本人自身で書くべきだ、というのは一つの見識である。しかし、長年にわたって、日本人自身が日本国憲法を受け入れてきたことも厳然とした事実である。私は、今の憲法が時代に合わなければ、修正すればよいと考えているが、戦後七十八年間、今の憲法の下で日本が生きてきた生き様は、決して恥ずべきものであったとは思わない。

むしろ、戦後の日本は、「奇跡的」とまで言われた経済発展を成し遂げ、戦後二十年余りで世界第二位の経済大国となった。世界はまさにこの歩みに驚嘆し、賞賛した。経済大国となった日本は、平和国家として、開発途上国の経済発展、国作りを助け、軍事大国化の道を歩まず、核兵器についても核不拡散条約（ＮＰＴ）に加入し、非核三原則を堅持してきた。この日本の歩みは国際社会において肯定的に捉えられ、日本は「信頼できる国だ」という評価を勝ち得てきた。

しかし、二十一世紀に入って、日本を取り巻く安全保障環境が劇的に変化してきたことは事実である。中国が驚異的な経済発展を遂げ、対外的には攻撃的な姿勢を示し、力で現状を変えようとしている状況に日本は直面している。その一方で、日本が頼りとしてきた米国は国際的な影響力を低下させてきており、米中両国の覇権争いが激化している。このため、戦後五十年間、日本の平和にとって有利であった国際環境、すなわち、日本の同盟国である米国が圧倒的な力を持ち、日本が米国との同盟関係に頼っていれば日本の平和が守られる時代ではなくなったことも現実である。このため日本は安保法制を整備し、自衛隊の防衛力を整備強化する一方、日米同盟関係が危機に当たって実際に機能するよう日米間の共同運用など連携を深めてきている。このような取り組み、姿勢は現実に適《かな》ったやり方だと評価している。

NATO並みの「防衛費GDP比二%」

ところが今日《こんにち》、日本で巻き起こった軍事力増強の嵐は、それこそ異次元のものである。「台湾有事が迫っている、日本が危ない」、「防衛力を抜本的に強化すべきだ」という大合唱であり、それに少しでも異を唱えると、「何を空想的なことを言っているのか」「厳しい現実を理解していない」と批判されるようなムードが蔓延《まんえん》している。

そして岸田文雄総理が二〇二二年十二月、ロシアのウクライナ侵攻などの国際情勢を主な理由として、防衛費を二〇二七年度にはNATO並みのGDP比二%に増額し、反撃能力を保有すると発表した。その内容は、日本が「平和国家」から「普通の国家」に大転換する大きな政策転換であったが、その政策決定がどれだけ本格的な検討を経てなされたのか不明であり、発表内容も極めて大雑把なものであった。

しかし、日本の世論は概《おおむ》ねその発表を好意的に受け止め（TBSの二〇二二年十二月五日の世論調査結果では「賛成」が五三％で、「反対」は三六％)、各紙も本格的に批判、あるいは疑問を呈することがなかった。おそらく、ウクライナ戦争を横目に見て、連日のように戦争状況が詳しく報じられる中で、NATO並みはやむを得ない、という世論が形成され、異論を挟むのが難しい風が吹いているのであろう。

毎年五・五兆円の増額をどう賄うのか

しかし、NATO並み、GDP比二％への防衛費増大は尋常ではないものである。

安倍晋三元総理は防衛力の強化を強く訴えてきた政治家だった。集団的自衛権の行使を可能にし、自衛隊を憲法に書き込むことを主張してきた。しかし、七年八カ月に及ぶ第二次安倍政権下において、防衛費はGDP比一％の枠内で推移し、二〇一二年度の防衛費四・七兆円が二〇二〇年度に五・三兆円に増大したに過ぎなかった。

それが、突然、防衛費が一一兆円になる、という決定である。二〇二七年度以降は、毎年の防衛費が現在の五・五兆円規模から一一兆円に増大することになる。この決定を岸田総理が軽々と決断し、世論が肯定的に受け止めたのだから驚くべき事態である。

あらためて、二〇二二年十二月、岸田総理の記者会見での発言の内容を振り返りたい。

「世界は歴史的分岐点にある。その分断が最も激しく現れたのが、ロシアによるウクライナ侵略という暴挙であり、我が国の周辺国、地域においても、核・ミサイル能力の強化、あるいは急激な軍備増強、力による一方的な現状変更の試みが顕著になってきている」

「防衛力強化を検討する際には、各種事態を想定し、相手の能力や新しい戦い方を踏まえて、現在の自衛隊の能力で我が国に対する脅威を抑止できるか、脅威が現実になったときにこの国を守り抜くことができるのか、極めて現実的なシミュレーションを行いました。率直に申し上げて、現状は十分ではありません。新たにどのような能力が必要なのか、三つ具体例を挙げたい。一つ目は、反撃能力の保有です。二つ目は、宇宙・サイバー・電磁波などの新たな領域への対応です。三つ目は南西地域の防衛体制の強化です」

「こうした取り組みを始め、弾薬の充実、整備費の確保、隊員の処遇改善など、今後五年間で四三兆円程度の防衛力整備計画を実行します。さらにそれを補完する取り組みを合わせて、二〇二七年度には現在のGDPの二％に達するよう予算措置を講じてまいります」

「NATOをはじめ各国は安全保障環境を維持するため、相応の防衛費を支出する姿勢を示しており、取り組みを加速してまいります」

以上が岸田総理の防衛力整備計画に関する国民への説明であり、財源については、「二〇二七年度以降も、毎年度四兆円の安定した財源が不可欠です。財務大臣に対して歳出削減、剰余金、税外収入の活用などの検討を命じ、四分の三は歳出改革の努力で賄う道筋ができました。残りの四分の一の一兆円強については、安定的な財源を確保すべきであると考えました」とある。この説明を受けて、年間一兆円を増税で賄うのかどうかが争点となり、増税については世論も反対の声が多く、政府は財源について先送りしたのだった。

テレビの解説などを聞いても、防衛費で年間一兆円が不足する、といった解説が見受けられたが、これは全く事実を覆い隠した内容である。二〇二七年度以降、毎年防衛費は一一兆円となり、現行の規模から五・五兆円以上も増額になるはずである。年間一兆円のレベルの話ではない。この問題は今後五年間の防衛費の総計を四三兆円にするという決定と、二〇二七年度以降、毎年GDP比二%とするため、新たに負担すべき金額は毎年五・五兆円以上になるという二つに分けて考える必要がある。

今後五年間の総計四三兆円に関しては、財務省がさまざまに知恵を出して、歳出削減、剰余金、税外収入などを活用、四分の三は歳出改革の努力で賄う道筋をつけ、年間一兆円を増税で賄うという形を作り出したのではないかと想像される。

一方、二〇二七年度以降、毎年、防衛費をＧＤＰ比二％にするのであれば、新たに負担すべき金額は、現在のレベルより毎年五・五兆円以上も増大することになるが、剰余金などを常に当てにできるはずもなく、相当に大規模な増税、おそらく数兆円規模の増税にならざるを得ないのではないか。もしこの指摘が間違いであれば、きちんと説明を得たいものである。

これだけ大規模な防衛費の増額、現在の規模より毎年五・五兆円以上が追加的に必要になるという決定を岸田総理が軽々と決断したのだから、驚くべきことである。

安倍元総理の主張

もともと、岸田という政治家は自民党内ではハト派とされる宏池会《こうちかい》に所属し、決して防衛力強化派とは見なされていなかった。二〇二二年五月二十三日に日米首脳会談が開かれ、岸田総理は防衛費の「相当な増額」方針を表明したが、その直後の五月二十五日、衆議院本会議において、「防衛費の増額については、具体的かつ現実的に議論し、積み上げる」と表明し、結論ありきではない、と受け止められていた。そして五月三十一日に公表した「骨太の方針」の原案においても、防衛力強化に年限を示さず、「ＮＡＴＯが二％以上を目標にしている」というのも本文ではなく、注釈で表記されていたに過ぎなかった。これに対し、安倍元総理は「NATO並みGDP比二%を期限を示して表明すべきだ」と述べ、岸田総理を背後から揺り動かしたのだった。

この後、半年余りの間、防衛費の増額問題は国会で岸田総理から特段説明されることなく推移し、二〇二二年十一月二十九日になって、突然、鈴木財務大臣が記者会見において、「岸田総理から防衛費を二〇二七年度にGDP比二%に増額するよう指示があった」と説明したのだった。防衛費を倍増するという重大な決定、日本の基本的な国のあり方を変えるほど重大な決定を総理自らではなく、財務大臣の記者会見で表明させるというのは、全く不可思議なことだった。岸田総理の口癖である「しっかりと国民に説明する」は不在のままだった。しかも、岸田総理がこの重大決定を閣僚に指示するに当たって、官邸に呼んだのは財務大臣と防衛大臣の二人だけであり、日米安保条約の担当大臣である外務大臣は呼んでいない、といういびつなやり方であった。

その後、岸田総理は二〇二二年十二月十六日、記者会見を開き、国家安全保障戦略など三つの文書を閣議決定したこと、そして今後五年間で四三兆円の防衛力整備計画の実施と二〇二七年度に防衛費をGDP比二%にすること、および反撃能力の保有を説明したのだった。

二〇二二年五月、「防衛費の増額については、具体的かつ現実的に議論し、積み上げる」と国会で答弁し、数字ありきではないとの姿勢を示していた岸田総理が、その半年後に防衛費をGDP比二%にすると表明したわけであり、その半年間にどれだけ具体的な検討がなされたのか不明なままだった。

バイデン大統領が岸田総理を説得？

この岸田総理の決定に関しては、アメリカから耳を疑う声も聞かれた。

バイデン大統領が、二〇二三年六月、「日本は長い間、軍事予算を増額してこなかった。しかし、どうだろう？　私は、議長、大統領、副議長、失礼、日本の指導者と、広島を含めておそらく三回、異なる機会に会い、私は彼（岸田総理）を説得し、彼自身も何か違うことをしなければならないと確信した」と発言したのである。その後、この発言は日本政府の申し入れもあり、「岸田総理大臣は私の説得を必要としていなかった。彼はすでに増額を決断していた」と訂正されたが、バイデン大統領の頭の中には、自分が説得した、という思いがあったのであろう。

その機会としては、二〇二二年五月、二〇二三年一月、および二〇二三年五月の三度に

2023年1月の日米首脳会談。左：岸田文雄首相　右：バイデン大統領

わたる日米首脳会談がある。

二〇二二年五月の会談では、「岸田総理大臣が、日本の防衛力を抜本的に強化し、その裏付けとなる防衛費の相当な増額を確保する決意を表明し、バイデン大統領から、これに対する強い支持を得た上で、両首脳は、日米の能力の相乗効果を最大化し、日米同盟の優位性を将来にわたって堅持するため、宇宙・サイバーの領域や先進技術の分野を含め、日米間の安全保障・防衛協力を拡大・深化させていくことで一致した」とされている。そして、二〇二三年一月の会談では、「バイデン大統領は、新たな国家安全保障戦略、国家防衛戦略、および防衛力整備計画に示されているような、防衛力を抜本的に強化するとともに外

交的取り組みを強化するとの日本の果敢なリーダーシップを賞賛した」というやりとりがあった。

この流れを見ると、アメリカ側からGDP比二%に引き上げるべし、といった具体的な要求があったか否かは明らかではないが、少なくとも日米間で日本の防衛力強化が議論されたことは間違いなく、結果的に、アメリカは日本の防衛力強化を大いに歓迎したということであろう。その流れの中で、バイデン大統領は、「自分が働きかけた結果だ」という気持ちを持ったのであろう。

どうも、岸田という人は一見、ひ弱で、善人風である。安倍イズムのように声高に防衛力強化を叫ぶこともなく、ハト派にも見えるが、安倍元総理がやろうとしてもできなかったことを、国会で議論することなく、国民に説明することなく易々と決めたのだから、皮肉なことである。

しかし、これが危ない。「ま、仕方ないか」と国民が易々と受け入れるにはあまりに重大な決定である。改めて、この決定内容が「国民にしっかり説明され」、「国会でも十分な議論」がなされなくてはならない。

今からでも遅くない。今後五年間、四三兆円の防衛費、および二〇二七年度以降、防衛費をGDP比二%、金額にして一一兆円にすることに関し、その中身の精査を行い、いかなる積み上げで何を調達しようとしているのか、また、反撃能力の保有が真に日本の安全保障に寄与するのか、その二点をしっかりと国民に説明する必要がある。また、国民の側でも、安全保障の問題を総括的に捉え、何が日本にとって真に必要なものかを考える必要がある。それを、「今は、そんな悠長なことを言っている時ではない。危険が迫っているのだ」といった風圧で押さえつけられ、きちんとした議論と検証が行われないまま、なし崩し的に軍事大国の道を歩むこととなってはならない。

第二章

日本の安全保障・近代史を概観する

今日、日本が「これまでにない厳しい安全保障環境に置かれており、防衛力を抜本的に強化することが必要だ」という岸田政権の考え方を吟味するに当たって、賢者は歴史に学ぶという格言に従い、明治維新以来の日本が安全保障の分野で歩んできた道のりを振り返ってみよう。

沸き起こった征韓論

一八五三年、日本は、ペリー来航で世界と向き合うことになった。明治新政府は、「世界の列強に追いつけ」を合言葉に経済発展と軍事力強化に邁進《まいしん》した。

この時代、世界では列強による植民地支配競争が激化していた。七つの海を支配する大英帝国、アフリカや太平洋に進出するフランス、極東地域への進出を企てるロシア帝国、そして遅れて植民地競争に加わったドイツ、アメリカが競い合っていた。そこへ新たに加わった日本は、国内の体制整備を図った上で海外進出を企てることになった。

日本が海外に進出するとなると、向かう先は、まず朝鮮半島であった。明治新政府ができると、直ちに沸き起こったのが征韓論である。これは明治新政府が天皇の名前で国交樹立を求める信書を送ったところ、天皇の「皇」は朝貢先の清の皇帝に使うものであり、李朝の王より一段高い位《くらい》を意味する、その「皇」の字を使った日本からの国書は受理できない、という朝鮮王朝の頑《かたくな》な態度に起因した。しかしだからと言って、すぐに征韓論というのはあまりにおかしい。ところが、こと相手が朝鮮となると、吉田松陰でも「朝鮮の如きは、古時我に臣属せしも、今は即ちやや奢《おご》る」と言い放っており、明治維新の高官から征韓論が出てくる土壌があった。ここが日韓関係の特殊性であり、難しいところである。

幸いこの時は、「今は国内体制を整備するのが先決」とする大久保利通など、欧米を視察してきた岩倉使節団の声が勝り、征韓論は排されたのだった。

日清戦争と三国干渉

しかし、明治維新から二十数年が経ち、国内体制が整備されると、列強の仲間入りを果たすべく、海外進出を企てることとなった。その目指す先は朝鮮半島であったが、当時の朝鮮王朝は清国に朝貢している関係にあり、日本が朝鮮に出ようとすると、清国とぶつかることになるのは自然の成り行きだった。

一八九四年、朝鮮において東学が農民軍を組織し、首都漢城（ソウル）を目指すと、朝鮮政府は清に軍の派遣を要請した。この機を逃すなとばかり、陸奥宗光《むつむねみつ》外相が日本軍の派兵決定の先頭に立ち、八〇〇〇人を超える大部隊が派遣された。その名目は、在留日本人の保護であったが、目的と不釣り合いな大部隊の派遣であった。

焦った朝鮮王朝は、農民軍との和平を申し合わせ、日清両国に対し、軍の派遣は必要なしと申し出たが、時すでに遅く、日本は清との戦争に突き進んでいったのだった。

一八九四年八月一日、日本は清国に宣戦布告した。大国清との戦いは大きな危険を伴ったが、プロシア式の厳しい訓練を積んできた日本軍は士気も高く、巨大な北洋艦隊を擁《よう》する清国を打ち破ったのだった。

そして一八九五年三月から下関で和平交渉が始まった。日本側全権は伊藤博文、清国側全権は李鴻章《りこうしょう》であり、この和平交渉で日本は大きな権益を勝ち取った。すなわち、①清国は朝鮮国の独立を認める、②遼東《リャオトン》半島、台湾、澎湖《ほうこ》諸島を日本に割譲、③賠償金二億両《テール》（日本の国家予算の四倍程度）の支払い、④重慶、蘇州、杭州などの開港、⑤日清通商航海条約の締結、であり、日本国内は勝利に沸き返ったのだった。

しかし喜びも束の間、ロシアがドイツ、フランスと共に介入し、遼東半島の放棄を要求してきた。三国干渉である。遼東半島は中国への進出を考えた時、極めて戦略的に重要な拠点であり、この遼東半島を日本が領有するのはロシアなど列強にとって認め難いというのだった。日本は日清戦争で疲弊し、ロシアなどと戦う余力はなく、泣く泣く遼東半島を放棄せざるを得ず、臥薪嘗胆《がしんしょうたん》が合言葉となった。

ロシアとの戦いへ——日英同盟が奏功

日清戦争で勝利を収めると、次に極東に進出してきたロシアと相対することになった。日本政府内でも、ロシアとの戦争やむなしとする山縣有朋《やまがたありとも》と、ロシアとの交渉を優先する伊藤博文が対立し、一九〇三年四月、京都にある山縣の別邸、無鄰菴《むりんあん》で桂太郎首相、小村《こむら》寿太郎《じゆたろう》外務大臣が加わり四者会合が持たれた。ここで伊藤は「満韓交換論」、つまりロシアの満洲支配を認めるかわりに、日本の朝鮮半島支配を認めさせるという構想を打ち出した。山縣や桂はロシアを信用せず、そのような構想にロシアが乗ってくるはずがないと考えていたようだが、伊藤の顔を立てる必要もあり、まずは「満韓交換論」で交渉をすることに同意した。同時に、もしロシアがこれに応じない場合は重大決断をすることで四者が合意したが、この点が無鄰菴会議の肝であり、ここで事実上、対露戦争の決定がなされたといえよう。

小村寿太郎

日本から「満韓交換論」での交渉を持ちかけたが、案の定、ロシアは容易に交渉には乗って来ず、ようやく提示してきた回答は、満洲を日露交渉の対象外とし、朝鮮半島についても北緯三九度以北を中立地帯とする、といった日本としては全く受け入れられないものであった。ロシアが朝鮮半島にも勢力を伸ばす姿勢を見せたことで、日本国内ではロシアとの開戦やむなしとの声が強まった。もちろん、大国ロシアとの戦争は厳しいものがあり、戦力ではロシアが圧倒していた。

しかし、ここに一つの光明があった。日英同盟である。ロシアの東方進出を危惧した英国は「栄光ある孤立政策」を放棄し、日本との同盟関係を締結する決断を下し、一九〇二年に日英同盟が成立していたのだ。この日英同盟に勇気づけられ、ロシア艦隊が欧州に展開している今こそロシアとの戦いに踏み切る千載一遇のチャンスだと判断した日本は、一九〇四年二月、ロシアに宣戦布告し、日露戦争に突入した。

日露戦争が始まると、三国干渉で放棄させられた遼東半島をめぐる戦いで大苦戦を強いられたが、ようやくにして旅順《りょじゅん》の攻略に成功し、日本海海戦を迎えることになった。この日本海海戦を迎えるにあたって力を発揮したのが日英同盟である。ロシアの誇るバルチック艦隊は、バルト海を出航し日本海に向かったが、日英同盟を盾に英国はロシア艦隊の英国の植民地への寄港を認めず、日本海に辿りついた時には相当に消耗していた。日本の連合艦隊はこのバルチック艦隊を日本海で打ち破り、日本は日露戦争に勝利したのだった。

ポーツマス条約——米国の仲介

日本はロシアとの戦いに勝利を収めたが、多くの死傷者を出し、国家財政は破綻《はたん》状態にあり、これ以上の戦いを継続することは不可能な状態にあった。一方、戦場では敗れたものの、ロシアは国家として戦争継続の余力は残していた。戦争は、講和条約の締結で終戦を迎えることになるが、日露戦争ではアメリカのセオドア・ルーズベルト大統領が仲介の労を取り、アメリカ東部、ポーツマスで講和会議が開かれることとなった。

この講和会議の日本全権代表は小村寿太郎である。日本政府はこの時、小村に対し、なんとしても交渉を妥結せよと命じ、最低限確保すべき権益として、①韓国の支配権、②満洲からのロシア軍撤退、③遼東半島租借権とハルビン・旅順鉄道（南満洲鉄道支線）の確保を命じていた。これらに加え、可能であれば賠償金の獲得も目指すが、無理をする必要はなく、あくまで戦争終結が最優先課題とされていた。

日本国内の厳しい財政状況などを見透かされ、ウイッテ・ロシア全権との交渉は難航を極めた。交渉途中ではセオドア・ルーズベルト大統領がロシア皇帝ニコライ二世に交渉妥結を働きかける一幕があったほどであった。一七回の本会議を経て、交渉はようやく妥結し、日本は①韓国の支配権、②旅順・大連の租借権、③長春以南の鉄道と付属する炭鉱の利権、④ロシア軍の満洲撤退、⑤南樺太《からふと》の割譲、⑥沿海州・カムチャツカの漁業権を獲得した。

小村全権が勝ち取ったこれらの権益は、日本政府の定めた交渉目的を上回るものであり、何より、戦争を終結するという最重要目的を達成していた。しかし、世論の受け止め方は全く違うものであった。大きな犠牲を払ってロシアとの戦争に勝利した日本、その勝利に酔いしれた国民は、当然、ロシアから巨額の賠償金を貰えるものだと期待していた。ところが賠償金はなし、との報に接すると、国民は怒りに燃え、ついには日比谷焼打事件にまで発展し、小村への批判も極めて厳しいものとなった。この一連の経緯は、外交と世論の難しさを物語るものである。

外交は相手のあるものであり、さらに日本自身の置かれた状況（この場合、戦いで疲弊し、財政は破綻《はたん》状態にあることなど）を考慮に入れると、無理押しはできず、妥協し、現実対応をせざるを得ないことが往々にしてあるが、そうした外交態度は「弱腰外交」と非難されることが多く、まさにこのポーツマス講和会議はその典型であった。

日清・日露戦争までの振り返りと評価

日露戦争に勝利を収めた日本は、その後、一九一〇年に韓国を併合し、植民地支配国家の一員に加わることになった。一八六八年に明治新政府が誕生し、その後の約四十年間において日本は清国、ロシアという二つの大国との戦いに勝利し、さらには韓国を併合したが、この間の日本の歩みをいかに評価すべきであろうか。このあたりの歴史については、司馬遼太郎『坂の上の雲』が私を含め、戦後世代に大きな影響を与えており、一般には日本の誇らしい歴史として記憶されていると言えよう。

この日本の歩みを世界的な流れの中で見てみることにしよう。一八七〇年代から第一次世界大戦が始まるまでの時期は、帝国主義の時代と呼ばれ、ヨーロッパの列強が競って植民地獲得に乗り出した時代であった。そして、日本もその流れの中にあり、朝鮮半島を巡って、まずは、朝鮮半島に大きな影響力を有する清国とぶつかり、朝鮮の中立化を清国に要求し、これが受け入れられないとなると、清国との戦争に踏み切ったのだった。その後、ロシアが朝鮮半島にも勢力を伸ばそうとしたことから、ついにはロシアとの戦争を決断したわけである。

従って、この二つの戦争は、世界的には植民地を獲得する上での列強の戦いの一つと位置付けることが可能であり、日本が戦争を開始したことについて世界的な非難はなく、むしろ、世界の強国、英国は日英同盟を結び、側面的に日本を支援したのだった。また、米国もロシアとの講和交渉を側面的に支援するなど、日本に好意的な態度をとっていた。韓国併合についても、植民地競争の中での出来事と捉えることが可能であり、世界の主要国が韓国併合について日本を非難することはなかった。

日露戦争で勝利した日本は、一九〇五年、ポーツマス条約の調印後、伊藤博文が特派大使として朝鮮に向かい、保護条約の締結を迫った。この条約は、日本に外交権を譲り渡すことを意味していた。この時、宰相である韓参政大臣は条約案に反対し、席を立ったが、同席していた五人の閣僚が伊藤の圧力に屈し条約に署名し、保護条約である第二次日韓協約が成立した。この時に署名した五人の閣僚はその後、五賊と呼ばれ、長く朝鮮民衆から売国奴として非難されたのだった。

大韓帝国の高宗《こうそう》は保護条約の無効を訴え、密使を米国に送った。しかし米国も、この時代、植民地競争の中に身を置いていて、日本との間で桂・タフト協定を結んでいた。この協定により、米国がフィリピンを、日本が朝鮮をその影響下に置くことを互いに認め合っており、米国は高宗が送った密使を無視したのだった。高宗はさらにフランス、ドイツなどにも密使を送ったが、いずれの国からも無視されたのだった。

保護条約が締結されると、朝鮮半島各地では大規模な義兵闘争が勃発《ぼっぱつ》した。朝鮮半島では、困難に直面すると、王が他国に保護を求めたり、他国の公使館に逃げ込んだりとだらしない行動をとることが多かったが、国民の独立心は旺盛であり、とりわけ日本への抵抗は激しかった。日本軍はようやくにして義兵反対行動を押さえ込み、ついに一九一〇年、韓国併合条約を締結し、韓国を併合したのだった。

日本による韓国併合は、その当時の世界情勢から判断すると、列強の一員となった日本による植民地化であり、そのこと自体を問題視する国際世論はなかった。それではなぜ、日本と韓国との二国間では、長きにわたって「過去の深刻な歴史問題」として認識され、いつまでも喉《のど》に骨が刺さったような事態となっているのだろうか。韓国においては、一九一〇年の日韓併合から一九四五年の日本からの解放までの期間を「日帝三十六年」と呼び、日本によって不当に植民地化された時代であり、屈辱の歴史として、今日でも鮮明に記憶されている。一方日本においては、韓国併合の歴史を詳しく知る人は多くなく、いつまで韓国は過去の歴史に拘《こだわ》っているのか、と韓国の対応を批判する声の方が多く聞かれる。政治家の間でも、日本が植民地化したかどうかを明言せず、日本が悪いことをしたわけではないと考えている人も多い。

この日本に見られる受け止め方は、法的には、一九一〇年の韓国併合条約による併合であり、合法的なものである、また、実態としても、朝鮮統治時代において、欧米の列強のように搾取ばかりしたわけではなく、韓国の民生向上に寄与し、経済は発展したではないか、という思いに根ざしている。一方韓国からすれば、一九〇五年に押し付けられた協約により外交権を奪われており、したがって、一九一〇年の韓国併合条約は無効だ、となる。また、植民地化された時代、日本に強奪され、富を奪われ、屈辱を与えられたとの思いが強いのである。

世界においては、植民地化した側（英、仏など）と植民地化された側（インド、ベトナムや多くのアフリカ、中東諸国）で、長年にわたって日韓両国のように過去の植民地化をめぐり対立し、いがみ合うことは稀《まれ》である。そこには、列強の側に「文明の遅れた地に入り、文明化してやっているのだ」との思いがあり、現地人を支配し、搾取することに罪悪感もない。また、悲しいことに、植民地化された側にも国力と経済発展の大きな違いを見せつけられ、「仕方ない」という諦めの気持ちがあったのであろう。

ところが日本と韓国は、共にアジアにあり、長い歴史を共有していた。その歴史の記憶において、飛鳥・奈良時代、文明の進んだ韓国が日本にさまざまなことを教えたという思いもあるため、日本に植民地化されたことの屈辱は耐え難いものとなるのである。この屈折した歴史の記憶が日韓関係を難しくしている。

幸い、尹錫悦《ユンソンニョル》大統領の時代に入り、共に米国の同盟国である日本とは北朝鮮と向き合う上でも協力すべきであり、過去の問題に拘ってばかりいてはいけない、という考え方が前面に出てきている。これは好ましいことだが、日本においては、常に相手の心情に思いを致すことが重要であり、過去の問題などは忘却の彼方に、ということであってはならない。

第一次世界大戦と国際連盟設立

世界に目を転じると、各国間の軍備拡張競争が激しさを増していた。この軍備増強は「戦争を目的としたものではなく、平和のための抑止策だ」として正当化されていたが、軍備拡張競争は「平和のための抑止」とはならず、一九一四年、世界は第一次世界大戦に突入した。

この戦争は、帝国主義の時代に競合してきた列強の間の帝国戦争という性格を持つと言われており、これまでにない大規模な戦闘が繰り広げられ、一〇〇〇万人に上る戦死者に加え、多くの一般住民が犠牲となった。未曾有《みぞう》の戦争被害を生んだ第一次世界大戦は、世

ウッドロー・ウィルソン大統領

界各国で戦争そのものへの批判を強める結果となった。

一九一八年、パリ講和会議に集まった諸国の間では世界平和を求める想いが強く、世界平和の確保と国際協力の促進を目的として国際連盟が設立されたのだった。米国のウッドロー・ウィルソン大統領が提唱し、設立された国際連盟の規約は「締約国は戦争に訴えざるの義務を受諾し」という前文で始まっており、それにもかかわらず侵略戦争を起こす国に対しては、他の国々が協同して制裁（経済制裁）を加える集団安全保障の考え方が盛り込まれた。また、国際連盟規約は平和維持のための軍縮を規定しており、世界の平和維持という高い目標を掲げた画期的な合意であった。この国際連盟において、日本は理事会の常任理事国となった。

しかし、ウィルソン大統領が提唱したにもかかわらず、米国議会はモンロー主義の立場から国際連盟規約を批准せず、米国が参加しない国際機関となってしまった。また、国際連盟規約は列強による植民地領有を是認しており、敗戦国の植民地は委任統治地域として戦勝した国々に委ねられたのだった。

ワシントン体制

米国は、国際連盟には参加しなかったが、第一次世界大戦後の最強国家の一つとなり、ワシントン会議を主催した。このワシントン会議は第一次世界大戦後の国際的協調の枠組みとして重要なものとなった。

ワシントン会議において、具体的には①海軍の主力艦保有率を米・英五、日本三、仏・伊一・六七とするワシントン海軍軍縮条約、②米・英・仏・日の四カ国が、太平洋における各国の領土の権益を保障し、太平洋諸島の非要塞化を取り決めた四カ国条約、③さらに中華民国の領土保全、門戸開放に合意し、新たな勢力範囲設定を禁止する九カ国条約の三条約が締結された。

このうち、海軍軍縮条約は各国において過重な負担となっていた艦船拡張競争を国際合意で制限しようとするものであった。日本は米・英に対し七割、すなわち一〇対七を主張したが、最終的に一〇対六を受け入れることにした。その背景には、軍事費がこの時点で歳出総額の四九％を占めており、緊縮財政の下、海軍軍縮が必要不可欠だとする国内事情があった。

四カ国条約に関しては、太平洋における領土の権益を保障する四カ国条約が締結されたのだから、もはや日英同盟は不要のはずだ、との主張が米国から提起された。英国との同盟関係は日露戦争の際に力を発揮し、第一次世界大戦後の世界にあっても、なお有用と見られていた。しかし主に米国がこの同盟関係を嫌ったことから、最終的に解消される運命を辿ったが、これはその後の日本外交にとってかなりの痛手となった。

また、中華民国の領土保全、門戸開放を掲げる九カ国条約は、米国の基本的な対中政策を反映したものであった。その後、太平洋戦争に向けて、米国が日本と対立していくことになるが、その萌芽がこの九カ国条約にあったと見るべきである。米国が中国の領土保全と門戸開放を重視する姿勢は、太平洋戦争に至るまで、一貫したものであった。

パリ不戦条約が成立

第一次世界大戦がこれまでにない大きな被害を国民にもたらしたことから、主に欧州において戦争を違法化しようという運動が強まってきていた。米国でもこれに呼応する動きが世論の中で強まり、一九二八年、フランスと米国が主導する形で不戦条約が作成された。この動きを主導したフランス外相ブリアンと米国国務長官ケロッグの名前を冠してケロッグ＝ブリアン条約と呼ばれるパリ不戦条約に日本も加わり、一九三四年までに参加国は六三カ国に上った。

パリ不戦条約は第一条で「国際紛争解決のために戦争に訴えることを非難し、かつ、その相互の関係において国家政策の手段として戦争を放棄すること」を宣言した。また、同第二条では「相互間の紛争の処理・解決をその性質または原因の如何を問わず、平和的手段以外で求めない」ことを約束した（二四六頁参照）。このパリ不戦条約は、戦争の違法化という新たな国際規範を示す重要な取り決めであった。

しかし、平和の維持を目的として締結されたパリ不戦条約であったが、「自衛のための戦争」は許されると解釈され、何が自衛に当たるかを定義しなかったため、戦争を防ぐための条約としては大きな課題を残したものとなった。

とはいえ、一九二〇年代は世界的には比較的に平和で安定した時代であったと言えよう。国際協調の時代とも呼ばれ、この時代を主導したのは新たに世界の大国となった米国である。パリ講和会議をリードしたウィルソン米大統領は、これまでの帝国主義外交を否定し、平和主義的外交を志向し、秘密外交の廃止、海洋の自由、軍備の縮小を提唱した。米国は国際連盟には米議会の反対で参加しなかったが、ワシントン会議を主催し、第一次世界大戦後の世界的な平和の基盤を築き、世界をリードした。

そして、一九二〇年代を通じて、米国は世界の工場として経済発展を持続し、ヨーロッパでは、戦争で荒廃した国土の復興に各国が力を注いでいた。その中で、敗戦国となったドイツは、一三二〇億金マルクという天文学的な賠償金支払い（ドイツの一九一三年国民総所得の二・五倍）を命じられ、賠償金支払いに苦しむこととなり、ヨーロッパの不安定要因となっていった。

日本は第一次世界大戦の間は戦争特需で大いに潤ったが、戦後の一九二〇年には過剰生産と輸出不振で株価が暴落、戦後恐慌を経験し、さらに一九二三年、関東大震災が発生し、厳しい社会・経済状況に見舞われた。しかし、一九二〇年代を通して、米国経済が活況を呈し、米国市場への輸出が日本の経済にとって極めて重要であったため、日本は米国との協調を軸として、国際協調路線を歩んでいったのだった。

世界恐慌と満洲進出

状況を激変させたのは、一九二九年、米国から始まった世界恐慌である。一九二九年十月、それまで好景気に沸いていた米国で、突如、株が大暴落し、世界恐慌が引き起こされた。米国発の世界恐慌は世界各国に波及し打撃を与えた。

対外的な政策として大きな影響を与えたのが、米国のスムート・ホーリー法であった。保護主義貿易の代表選手のように語られることになったこの法律は、農産物及び工業品の関税を大幅に引き上げるものであり、同法の実施の結果、米国関税は四〇％を超えることとなった。これにより米国への輸出は厳しくなり、各国経済は大きなダメージを受けたのだった。

日本経済も例外ではなかった。米国向けに頼っていた生糸の輸出は急激に落ち込み、街に失業者が溢れ、農村の困窮ぶりは特にひどいものであった。国内が困窮を極めると、海外に目を向け、満洲に渡って一旗上げようとする人々が猛烈な勢いで増え、満洲が日本のフロンティアになった。

そして一九三一年、満洲事変が起きた。この満洲事変に至る経緯を振り返ると、一九〇五年のポーツマス条約に遡《さかのぼ》ることになる。日露戦争の勝利により、日本は東清鉄道の旅順・長春間の南満洲支線と、付属地の炭鉱の租借権、関東州の租借権などを獲得し、満洲進出の足がかりを得たのだった。一九〇六年には南満洲鉄道株式会社（満鉄）が設立され、鉄道を柱に満洲経営権益を確保した。この鉄道を守備するために組織されたのが鉄道守備隊であり、満洲経営の発展と共に、この鉄道守備隊が巨大な軍事組織である関東軍へと変貌したのだった。こうして南満洲鉄道の経営を担った満鉄が、満洲全体の経営を担う巨大な組織となっていった。

満洲事変勃発

一九二〇年代を通じて、関東軍は満洲での支配を強めるため、さまざまな工作を企てていた。その当時の満洲では、馬賊出身の張作霖《ちょうさくりん》が軍閥を率い実効支配を強めていた。これに対し、関東軍では張作霖暗殺を計画し、一九二八年六月、張作霖の乗った列車を爆破し、殺害した。

当初、関東軍は蔣介石《しょうかいせき》軍の仕業に偽装する工作を試みたが、すぐにこの偽装工作は関東軍によるものだと露見した。このため関東軍に対する風当たりが強くなり、関東軍の満洲支配は頓挫したかに見えたが、そこを世界恐慌が襲ったのである。世界恐慌がもたらした苦境を乗り越えるため、日本国内では新天地、満洲への期待がさらに高まったが、そこで一挙に満洲全土を支配することを企んだのが関東軍の参謀となった板垣征四郎《いたがきせいしろう》と石原莞爾《いしはらかんじ》であった。

一九三一年九月十八日、この関東軍が引き起こしたのが奉天郊外、柳条湖《りゅうじょうこ》での鉄道爆破事件であった。関東軍は、それ以前も、本来の任務である鉄道守備から満洲各地の居留民保護へと任務を拡大してきていたが、この満洲事変を契機に、満洲各地の中国軍を倒し、満洲全土を日本の支配下に置こうとしたのだった。関東軍の動きは早く、翌十九日には奉天、長春、営口《えいこう》の各都市を占領した。

この柳条湖での鉄道爆破事件の報告を受けて、日本政府は十九日の閣議で事態不拡大を決めたが、陸軍は、関東軍の行動を是認するとともに、兵力増派を主張したのだった。この緊急閣議では、南陸軍大臣が鉄道爆破事件を関東軍の自衛行為だと強調、これに対し、幣原《しではら》喜《き》重郎《じゅうろう》外務大臣が関東軍の謀略ではないかと疑念を呈したが、陸軍の主張を覆すことができず、なし崩し的に関東軍の行動が拡大していった。ここにおいて、首相のもとでの閣議決定と陸軍・参謀本部による軍の総意の対立という構図が顕在化した。その陸軍の中でも中堅将校の勇ましい意見が力を持ち始め、参謀本部作戦課の中には、満洲各地に進出した関東軍に撤退を求めるようなことがあれば、クーデターを断行すべしといった過激な声が出始めていた。

石原莞爾

さらに同十九日、林朝鮮軍司令官が独断で旅団の越境を命じ、二十一日、朝鮮にいた部隊が国境を越え、関東軍の指揮下に入った。張学良が指揮する東北辺防軍四五万の軍隊に対して、関東軍の兵力が一万であり、兵力増強が不可欠であったため、関東軍は朝鮮軍の協力を求めていたのだった。事態不拡大という中央政府の方針に背く朝鮮軍の独断出兵であったが、二十二日、政府は閣議で事後承認をしたのだった。陸軍、それも出先の軍隊による越権行為を政府が追認したところに政府と陸軍の力関係が顕在化し、中央政府の弱体化、陸軍の独断行動という一九三〇年代を通しての日本政府の政策決定の大問題が明確に現れる結果となった。

米国のスティムソン国務長官は、幣原外務大臣に戦線不拡大を要求し、政府も戦線を奉天で止めることとしたが、関東軍はこれを無視し、一九三一年十月八日、張学良が拠点としていた錦州《きんしゅう》攻撃を開始した。陸軍はこの攻撃も自衛権の行使だと追認し、関東軍は満洲全土支配の実現に向かって邁進していった。ここにおいて、一九二〇年代の幣原外務大臣による国際協調主義外交は破綻したのだった。

何が自衛権に該当するか、また、対外的に緊張した際の外交の役割はいかにあるべきかが国際政治の舞台では常に問題となるが、満洲事変では、関東軍が「自衛」の名の下に、本来の鉄道守備隊の任務から大きく逸脱し、満洲全体の支配へと踏み出していった。こうした関東軍の独断行動を政府が止めることができず、外交は無力さを露呈したのだった。ただし、国際的に見れば、一九三〇年代初めの時代においては、一九二九年パリ不戦条約が発効したが、自衛の戦争は禁止されておらず、何が「自衛」にあたるかの基準が明確ではなく、また、世界の主要国は依然として植民地経営を行っていたため、関東軍の行動についても、絶対悪として糾弾《きゅうだん》されるまでには至っていなかった。むしろ国際的には、関東軍の行動について、限定的に許容される可能性が残されていた。

極めて愚かだった国際連盟脱退

そうした中で国際連盟は、一九三二年二月、満洲事変に関してリットン調査団を派遣して現地調査を行い、同年十月に報告書を提出した。リットン氏自身はインド総督を務めた英国の政治家で、植民地支配に深く関わっていた人物であり、リットン報告書も日本にある程度、配慮した内容であった。すなわち、同報告書は、

①柳条湖事件およびその後の日本軍の活動は、自衛的行為とは言い難い、としつつ、
②満洲に日本が持つ条約上の権益、居住権、商権は尊重されるべきであると指摘し、一定の日本側への配慮も見られる内容であった。

その上で、日中間の紛争解決に向けて、「柳条湖事件以前への回復（中華民国側の主張）」と「満洲国の承認（日本側の主張）」のいずれも問題解決とはならないとし、満洲は非武装

松岡洋右

地帯とし、中華民国の主権下に自治政府を樹立する、この自治政権は国際連盟が派遣する外国人顧問の指導の下、十分な行政権を持つものとすべし、と提言していた。
この報告書に沿って日本が行動し、満洲での権益の最大化を図っていけば、十分に日本の国益にかなう未来を拓くことができる可能性があった。しかし、中国が満洲に主権を有する、などということは関東軍の容認できる内容ではなかった。関東軍は、こうした国際的な動きを制するかのように、一九三二年三月、満洲国の建国を挙行したのだった。時の犬養《いぬかい》政権は満洲国承認に慎重な姿勢を示したが、同年五月、五・一五事件が起き、犬養毅《つよし》首相は反乱部隊に暗殺され、六月には衆議院本会議で満洲国承認決議案が全会一致で可決されたのだった。
一九三三年二月、国際連盟では「満洲国の存続を認めない」とする決議案が提出され、日本からは松岡洋右《ようすけ》が全権代表として国際連盟に派遣された。松岡は米国で苦学した経験があり、弁が立ち、自信家でもあったため、自分が国際連盟に乗り込めば各国を説得できると意気込んでいた。しかし、満洲国の設立が進む中で各国の態度は硬くなり、決議案が賛成四二カ国、反対一（日本）、棄権がシャム（現在のタイ）のみで可決されてしまった。このため、松岡もなすすべがなく、国際連盟の議場で連盟脱退のスピーチを行ったのだった。

この松岡の行動は、外交的には成果ゼロであり、本人も意気消沈《いきしょうちん》して帰国の途についたはずだった。しかし松岡が日本に着くと、「ジュネーブの英雄」として熱狂的に迎えられたのだった。「よくぞ言った。日本の正義を」といったことであろうか。第一次世界大戦後に戦勝国として国際連盟の設立に関与し、理事会の常任理事国という地位にあった日本が国際連盟を脱退するというのは、外交上、極めて愚かなことだった。しかし、その松岡を国民はヒーローとして迎えたのである。松岡はその後、満鉄総裁に就任し、さらに太平洋戦争に向かう時代に外務大臣として重要な役割を担うことになった。

この松岡と好対照を成したのが前出の小村である。日露戦争の後、ポーツマス講和会議で立派な結果を出したものの、ロシアから賠償金が取れなかったため、小村を待ち構えていたのは日本国内の厳しい空気であった。小村と松岡、二人の外交官を巡る日本国内の雰囲気、世論の対照的な受け止め方は、外交と世論の関係の難しさを鮮明に物語るものである。

世論といえば、一九三二年五月に起きた五・一五事件は異常な事件であった。この事件は、一九三〇年のロンドン海軍軍縮条約に不満を抱いた海軍将校が中心となって実行した事件であったが、多くの国民が貧困に喘《あえ》ぐ中で、国家革新を叫ぶ将校が好意的に受け止められ、時の首相を暗殺した事件であったにもかかわらず、被告人たちを称える歌までがヒットするなど、異常な空気が日本を覆うようになっていた。この年を境に、日本は国際協調路線に見切りをつけ、軍部が独断専行して政治を蹂躙《じゅうりん》、それをマスコミも批判せず、世論が勇ましい軍主導路線を応援するという、異常な時代に突入していったといえよう。

実現しなかった石原莞爾の構想

また軍部は、一九三〇年代の日本にあって、天皇が日本軍の総司令官として統帥権を有しているとの大日本帝国憲法の規定を振りかざし、独断専行を繰り返したが、さらに一九三六年には、陸軍大臣、海軍大臣は現役の大中将が充《あ》てられることになり、軍が組閣の拒否権を持つようになった。陸軍、中でも中堅将校の勇ましい声は、世界情勢を踏まえた合理的な主張を「弱腰外交」と糾弾し、日本の行方を左右することとなった。

関東軍といえば、中央政府の命令を聞かず、独断専行する軍隊というのが定説となっている。もっとも、この関東軍で中核的存在だった石原莞爾は「軍事の天才」と呼ばれ、日本陸軍にあって、秀でた才能を持つ異端の人物であった。満洲事変の首謀者と見られているが、石原は満洲国のスローガンとなった「五族協和」「王道楽土」を構想し、満洲・蒙古のいわゆる満蒙地域を運営する壮大な構想を練っていた。

しかし現実は石原の構想したようにはいかず、日本から二〇万人以上の農民が満洲に送られ、現地の満洲人から土地を取り上げ、とても「五族協和」の世界は実現しなかった。

その後、一九三七年に日本軍が盧溝橋《ろこうきょう》事件を引き起こした際に、参謀本部作戦部長であった石原は、日中戦争不拡大を主張したが、若手参謀に「満洲事変を模範にやっているだけだ」と反論され、戦争拡大を防ぐことができなかった。このように軍事の天才と呼ばれた石原も、現実の世界では自身が描いた構想を実現することはできなかった。それでも、石原が構想したように、日本の進出を満洲にとどめておき、華北にまで進出しなければ、米国との対立も激化せず、日本が孤立することもなかったのかもしれない。しかし、陸軍は満洲だけでは満足せず、華北へと侵攻していったのだった。

一九三七年盧溝橋事件

一九三七年、北京郊外で盧溝橋事件が起きた。この盧溝橋事件に至る経緯を少し概観しておこう。

一九〇一年、義和団との戦闘の事後処理に関する北京議定書が清国と日本を含む列強との間で結ばれた。この時清国は、年間予算一億両の時代に、四億五〇〇〇万両という巨額の賠償金支払いを命じられたが、これに加え、北京までの各地に列強の駐兵権が認められた。この駐兵権を基礎に、列強各国は中国各地に兵隊を駐留させたが、三十数年後の一九三七年においても、日本軍は引き続き、支那駐屯軍として約五六〇〇名の兵力を駐屯させていた。ちなみに各国は、英国一〇〇八名、米国一二二七名、フランス一八二三名、イタリア三二八名であり、日本軍が圧倒的に多かった。

一方、蔣介石の国民党率いる国民革命軍は一〇万名強の部隊を擁し、その中の第二九軍には共産党員も加わり、日本軍と睨《にら》み合っていた。そうした中で、一九三七年、盧溝橋事件が起きた。この事件は、一九三七年七月七日、北京郊外の盧溝橋近くで日本軍の一部が夜間演習を行っていたところ、そこへ中国軍が実弾を数発発射し、日中間で衝突が起きたというものだった。

事件自体は、極めて小規模なもので、十一日には現地での交渉が行われ、停戦が合意された。また、日本政府も事態の不拡大方針を示していたが、その後の数カ月、日本側と国民政府との間では、和平交渉を行うかと思えば、部隊間の小競り合いも続き、段々と戦線が拡大した。戦線拡大は中国側が仕掛けたものが多かったが、日本政府も事態の不拡大と言いつつ、七月二十七日には内地三個師団の派遣を決定するなど、一貫性に欠く対応に終始した。結局、和平交渉は行き詰まり、和平交渉に汗をかいた中の一人、石射猪太郎《いしいいたろう》外務省東亜局長は我が陸軍部内の強硬派にとって思う壺の事態が出来上がった、と嘆いたのだった。

盧溝橋事件という小さな小競り合いから戦線が拡大し、八月にはついに上海での本格的な軍事衝突が起きた。数の上では中国側が圧倒していたが、日本から増派部隊が加わり、日本軍は一〇倍ほどの相手に立ち向かい、激戦を勝ち抜いたのだった。上海上陸から十一月八日までで日本軍の戦死者は約九〇〇〇名、負傷者も三万人を超えていた。さらに南京への追撃戦と南京戦を加えると、六万五〇〇〇人を超える死傷者を出した戦いであった。

南京事件

上海での厳しい戦いを終え、日本軍は中国国民政府の首都であった南京を目指して進軍した。そして一九三七年十二月、南京に入城した日本軍は、その後二カ月にわたり南京に駐留するが、この間に多くの中国人が殺害される事件が起きた。中国側で南京大虐殺と呼ぶ事件である。

殺害された中国人の中には敗残兵も多く混じっており、民間人がどれだけ犠牲になったかは明確ではない。中国政府は、南京大虐殺で三〇万人の中国人が犠牲になったとしているが、十二月に日本軍が南京に入城した時点での南京の人口が二〇万人前後であり、日本軍が立ち去った後の人口も二十数万人だったとのレポートが日本に厳しい立場をとっていた米国宣教師スマイス氏によって書かれており、どう見ても三〇万人の大虐殺は起こりえなかったと考えられる。

その一方、南京大虐殺などはなかったと論じる識者も日本にはいて、殺害されたのは兵隊および、兵隊が軍服を脱いで民間人のなかに入り込んだ便衣兵だと主張している。南京でも、日本軍の主な戦いの相手は軍人であったはずであり、この軍人の中に軍服を脱ぎ、市民に混じった便衣兵がいたのも事実と考えられる。また、こうした軍人に対して戦時国際法のハーグ陸戦条約が遵守《じゅんしゅ》されず、逮捕後、直ちに処刑するといったケースが続発したと伝えられている。その一方、民間人の犠牲者がどの程度いたかは断定できる資料がなく、議論の分かれるところとなっている。

三〇万人の民間人犠牲者がいたとする中国の主張は、前述の証言などを見ても大いに疑わしいが、全く民間人の犠牲者がいなかったとの主張にも無理があり、かなりの民間人が殺害されたのも事実であろう。この南京事件は、二〇二三年にガザで起きている事態、すなわち、ハマスを殲滅《せんめつ》するとの目的で侵攻したイスラエル軍だが、そこで多くの民間人が殺害されている事態を想起させる事件でもある。

日中戦争と米国との対立

日中戦争は、太平洋戦争が始まるまで、互いに宣戦布告を行わずに戦った戦争である。日本では、近衛《このえ》文麿《ふみまろ》内閣が支那事変と呼称することを決め、中国においても蔣介石の国民政府は中国共産党との関係が背後に横たわっており、日本と全面戦争をする構えではなかった。一九三七年初頭の国共合作で日本との戦いを優先する決定はなされたが、日本との和平交渉も並行して行うなど、複雑な動きが見られたのである。

一九三八年以降は、日本軍は中国各地で戦線を拡大していったが、何しろ中国大陸は広く、一九三八年五月の徐州攻略、十月の広東攻略と特定の地点での日本軍の勝利はあったが、とても日本軍が全面勝利を収めうる相手ではなかった。中国側は重慶に拠点を移し、一九三九年に入ると、日本軍は重慶爆撃を行うが、決定的勝利を収めることができず、日本軍は泥沼に入り込んでいったのだった。

この間、支那派遣軍の総数は七二万人を超える大部隊となり、日本は泥沼から抜け出せないでいたが、その一方で、中国本土への日本の進出が米国との関係を決定的に悪化させていく結果となった。米国は一九二一年のワシントン条約体制以降、一貫して中国の門戸開放・機会均等と領土保全を重視してきており、日本の中国への進出に対しては極めて厳しい見方をとり続けていた。その一方で米国国内には、対外政策において、慎重、かつ中立的な態度を求める世論があり、米国政府も日本との関係を決定的に悪化させることのないよう、慎重な態度はとり続けていた。

そうした慎重な態度が大きく変化することになったのは、満洲事変を経て、一九三七年に日中戦争が始まったことにあった。盧溝橋事件から上海事変と事態が動く中で、一九三七年十月、米国は中立法を改正し、中国への軍事物資の輸出を開始した。さらに中国での戦いが激しくなると、ついに一九三九年七月、米国は日米通商航海条約の破棄を通告し、一九四〇年一月に同条約が失効した。

一九四〇年九月に入ると、日本が仏領インドシナ北部へ軍隊を進駐させる（北部仏印進駐）と共に、日独伊三国同盟を締結、これに対抗する形で、米国は屑鉄と鉄鋼の対日輸出を禁止し、経済制裁が本格化していった。さらに一九四一年に入り、日本が七月、石油資源の獲得を目指して仏領インドシナ南部に進駐（南部仏印進駐）すると、米国は対日資産の凍結と石油輸出の全面禁止を行ったのだった。一九四一年八月、大西洋上で行った米英首脳会談において、フランクリン・ルーズベルト大統領がチャーチル首相に対し「米国は宣戦布告をやるわけにはいかないが、戦争を開始することはできる」と述べたと伝えられているが、まさに対日経済制裁が事実上の宣戦布告であったと見ることができよう。

ＡＢＣＤ包囲網が日本を孤立させ、自衛のためには日本が戦争に踏み切るしかなかった、という解説がなされることが多い。このＡＢＣＤ包囲網とは、ＡＢＣＤ、つまり、米国、英国、中国、オランダの四カ国が協議し、連携して作り上げたもののように映るが、実際は、あくまで米国が主導したものであり、それに倣《なら》って英国も同時に行動し、オランダもこれに追随したものである。この流れが日米戦争を決定づけたわけであるが、その根底には常に中国への日本軍の進出があり、これを批判的に見る米国政府の対日強硬姿勢があった。

日本政府は、一九四一年に入っても、なお、米国との交渉に望みをかけていたが、米国の中国についての門戸開放・領土保全の要求が極めて確固としたものであることを理解していなかった。また、米国内では、日中戦争が勃発した後、中国への同情的世論が強まっていた。一九三七年八月、日中戦争に際しての米国内世論調査を見ると、中国支持四三％、日本支持二％、中立五五％であり、中国への支持が日本を圧倒していた。

それでも日本は最後まで米国との交渉の可能性を追求し、日米首脳会談の可能性にも賭けたが、米国は一貫して、中国についての領土保全と門戸開放を重要視し、その実現のため、日本軍の中国からの撤兵を求めたのだった。一九四一年十一月二十六日、コーデル・ハル国務長官から提示された、いわゆる「ハルノート」は、①国家の領土保全及び主権の不可侵原則、②通商の機会均等、③日本の中国および仏印からの全面撤兵を求めたものだったが、これは、これまでの米国の基本要求であり、驚くべき内容ではなかった。しかし、米国の柔軟性に一縷《いちる》の望みを託していた日本側、特に外務省内の対米交渉派にとっては衝撃であった。他方、陸軍の強硬中堅層にとっては、これで開戦に持ち込めるとして天佑《てんゆう》と受け止められ、日本は真珠湾攻撃へと邁進していったのだった。

日本は、米国が要求した中国からの撤兵について、陸軍として絶対に飲むことはできないとの立場であり、予想に反して四〇万人以上の戦死者を出した日中戦争が日米の対立を決定づけ、太平洋戦争と日本の敗戦に繋《つな》がったと言えよう。

真珠湾攻撃以降の太平洋戦争については、日米の国力の差が決定的であり、戦前に「英米との長期戦には耐えることができない」との見解は日本政府部内で広く共有されていた。しかし戦争というものは、開始されれば途中で停戦に持ち込むことが極めて難しく、結局、太平洋戦争も広島、長崎への原爆投下を経て、日本が降伏するまで続いたのだった。

戦争と世論

満洲事変から太平洋戦争の敗戦までの経緯を考える時、さまざまなデータや交渉経緯を検証する必要が出てくる。一九二二年のワシントン海軍軍縮条約から一九三〇年のロンドン海軍軍縮条約までの間、世界的な軍縮の動きがあり、日本でも立憲政治が機能していた。そして、国内経済・財政の状況を考慮し、また、対外的な立場を考え、軍縮条約も受け入れるなど、合理的な政治が機能していた。

しかし、世界恐慌で経済状況が悪化し、国内が貧困に喘ぐようになると、合理的な主張や政策は脇に追いやられ、勇ましく、戦う姿勢を見せる軍部の力が大きくなっていく。その軍部の中でも中堅幹部の強硬な主張が強くなり、ついに一九三二年五月、青年将校が犬養首相を暗殺する事件まで起きたが、世論は犯罪者である青年将校たちに同情する始末であり、軍の行動を是《ぜ》としていった。

満洲事変の後、世論が、国際連盟を脱退する演説を行った松岡洋右全権を英雄として迎えたのは前出の通りである。また、一九三六年二月には二・二六事件が起きるが、この事件を契機に軍部大臣の就任資格を現役の大将・中将に限定する制度が復活し、爾後《じご》、軍部が組閣の命運を握ることとなった。軍部がノーといえば、内閣が崩壊し、組閣もできないことになり、軍部の政治権力が圧倒的に強化され、最後は太平洋戦争にまで突き進んでいったが、この動きをマスコミも世論も積極的に是認したのだった。

今検証すると、この一九三〇年代の日本がいかに愚かな政策を遂行したのか、呆れるばかりであるが、その時代に身を置くと、「日本は正しいのだ。日本は米国などの制裁の犠牲者だ。だから、太平洋戦争も、自衛・自存の戦争なのだ」という主張が正しく見えたのであろう。そうした主張は陸軍を中心に作られていったが、その主張を是とした政治家や外交官もいたのである。外交官の中には日独伊三国同盟を推進したものもいた。このような「強気の流れ」が出始めると、それに対し、世界の流れを見て、合理的な主張をすることは極めて難しくなり、メディアもこぞって「強き路線」を書きたて、世論が賛同する空気ができていったのだと考えられる。

一旦、軍が動き、戦争の気配が出始めると、それに反対し、あるいは異を唱えるのは極めて難しくなる。「何を弱気な」と言われ、極端な場合は非国民扱いされる。こうしたことは一九三〇年代に限ったことではなく、今日でも起きていることである。二〇〇一年、米国で九・一一テロが起きた時でも、米国民はブッシュ大統領の勇ましく、断固としてテロと戦う姿勢に賛同し、その結果、アフガン、イラク戦争に突き進んでいったが、今日冷静に見れば、少なくともイラク戦争は間違った戦争であったと多くの人が見ている。しかし当時は、「イラクのサダム・フセインは大量破壊兵器を持っている」という主張に米国で反論する人はほとんど皆無だった。

軍事費の推移――一九四四年は国家財政の八五・三％

軍事費の推移にも注目してみよう。

明治新政府のもとで、軍事費の国家財政に占める比率は、一八八〇年代を通じて一六～二九％で推移していたが、一八九四年、日清戦争の年には六九・四％に跳ね上がった。その後は四〇～五〇％台だったが、日露戦争勃発の一九〇四年には八一・九％とジャンプし、一九〇五年も八二・三％を記録し、日露戦争の財政負担がいかに大きかったかを物語っている。

その後は徐々に低下し、ワシントン体制で軍縮条約ができた後、国際協調時代とされる一九二〇年代は二〇％台で推移した。満洲事変が起きると、三〇％台に上がった。しかし、本格的に軍事費が跳ね上がるのは一九三七年の日中戦争からである。一九三八年から一九四三年は七〇％台となり、ついに一九四四年には国家財政の八五・三％が軍事費であった。しかも、これらの数字は国家財政の中に占める金額であり、太平洋戦争の間は、戦費があまりにも大きくなり、税金ではとても賄えず、日銀が国債の直接引き受けを行った。この結果、太平洋戦争における名目上の戦費総額は七六〇〇億円（旧大蔵省統計）に上ったとされている。開戦の年の国民総生産が二二八億円であったことからも、いかに巨額な戦費であったかが窺《うかが》える。

戦争が起これば、巨額の戦費が費やされ、戦費が他のすべての予算よりも最優先される、その恐ろしい実態をこうした数字から読み取ることができる。

もちろん、戦争は何より、尊い人命を犠牲にするものである。一九三七年以降の日本の戦没者は二三〇万人、外地での邦人死者は三〇万人、内地での戦災死亡者五〇万人、合わせて三一〇万人が犠牲となっている。壮絶な犠牲者の数であり、戦争の恐ろしさを物語っている。

一九四五年八月、日本は、自衛のための戦いとして始めた太平洋戦争に敗れ、初めて外国勢力により占領された。日本は戦後七十八年間、この悲惨な戦争を二度と繰り返してはならないという強い気持ちを持ち、何より平和を大事にし、平和国家としての道を歩んできたわけであり、今一度、そのことの積極的な意義を確認する必要がある。

第三章

避戦のための外交努力

国際連合の発足

一九四五年十月、第二次世界大戦後の世界を展望し、世界中で戦争をなくし、平和を維持するための制度設計が戦勝国を中心に考えられ、その結果設立されたのが国際連合である。

この国連設立に至る経緯を見ると、戦争が欧州・アジア双方で継続している時に米国を中心として、戦後の仕組みについて構想が練られ、準備が進められていたことに驚かずにはいられない。一九四一年八月に米英首脳会談が開かれ、大西洋憲章が発出され、そこには国際連盟に代わる国際平和機構創設の構想が含まれていた。一九四三年八月にはコーデル・ハル国務長官が国際連合憲章の草案が完成させた。そして一九四五年四月、サンフランシスコに五〇カ国の代表が集まり、日本が降伏する前の一九四五年六月に国際連合憲章が署名され、十月二十四日に国際連合が正式に発足した。

このように米国を中核とする連合国は、ドイツ、日本との戦いを進める中で、すでに戦後の世界を展望し、戦後に平和な世界を形成するため国際連合構想を育み、まとめ上げたのだった。安全保障の枠組みは国際連合を中心に作り上げられることになったが、平和な世界を作り上げるためには、経済面での仕組みも不可欠だとの認識も共有された。これは第一次世界大戦後に、ドイツにあまりに過重な賠償金を課し、さらに世界恐慌の後、保護貿易が蔓延したことが、第二次世界大戦を引き起こす大きな要因の一つになったとの認識に基づくものだった。

このため、一九四四年七月、米国のニューハンプシャー州の保養地、ブレトンウッズに連合国が集まり、世界経済を安定させるための仕組みが議論され、国際通貨基金（IMF）、国際復興開発銀行（IBRD）、および国際貿易機関（ITO）の設立が合意されたのだった。これらの仕組みを通じて、為替《かわせ》を安定させ、自由で公正な貿易制度を作り上げ、戦争で破壊された国土を再建することが企図され、戦後世界の経済発展に大きく寄与することになった。

この三機関のうち、貿易を司るITOは米国議会の反対で誕生を阻まれたが、貿易の基本原則だけは取り出し、関税及び貿易に関する一般協定（GATT）として日の目を見ることになった。なお、このGATTは、ウルグァイ・ラウンド交渉を経て発展的に解消し、一九九五年、現在の世界貿易機関（WTO）が発足した。

国際連合は、国際平和・安全の維持、諸国間の友好関係の発展、および経済的・社会的・文化的・人道的な課題の解決を目的としている（国連憲章第一条）。国際連合は、これらの目的を達成するため、総会、安全保障理事会、経済社会理事会、信託統治理事会、国際司法裁判所および事務局の六つの主要機関と多くの附属機関で構成されている。このうち、国際平和・安全の維持の重責を負うのが安全保障理事会である。設立の中核を担ったのは米国、英国、ソ連、中国の四カ国であり、これにフランスを加えた五カ国が安全保障理事会の常任理事国となり、「五大国一致の原則」が申し合わされ、五カ国が拒否権を持つことが合意された。

一九四五年に発足した国際連合は、その憲章前文において「国際の平和及び安全を維持するためにわれらの力を合わせ、共同の利益の場合を除く外は武力を用いない」ことを原則として規定し、憲章第一条において国際連合の目的を「国際の平和及び安全を維持すること。そのために、平和に対する脅威の防止及び除去と侵略行為その他の平和の破壊の鎮圧とのため有効な集団的措置をとること並びに平和を破壊するに至る虞《おそれ》のある国際的の紛争又は事態の調整又は解決を平和的手段によって且つ正義及び国際法の原則に従って実現すること」と明記している。

このように国際連合の下の世界においては、「国際の平和と安全を維持するため、国際的な紛争は平和的手段によって解決すること」が申し合わされている。そして、国連憲章第二十四条において、「国際の平和及び安全の維持に関する主要な責任を安全保障理事会に負わせる」ことが規定され、安全保障理事会が国際の平和及び安全の維持のための特別な責任を有することとなった。国連憲章において、紛争は平和的手段による解決を義務付け、平和に対する脅威、平和の破壊及び侵略行為に対して、安全保障理事会は兵力の使用を伴わない措置を決定することができ、それらが不十分と認められる場合は、国際の平和及び安全の維持のため空軍、海軍、または陸軍の行動をとることができるとされている（国連憲章第四十二条）。これはいわゆる国連軍の行動を想定したものである。

また、加盟国に対して武力攻撃が発生した場合は、安全保障理事会が必要な措置をとるまでの間、個別的または集団的自衛の固有の権利を有することが規定されている（国連憲章第五十一条）。

これらの規定から明確な要点を押さえておこう。国際連合の加盟国は、国際の平和と安全を維持するため、国際紛争は平和的手段で解決し、原則として武力を用いないことが大原則となっている。武力の行使は、安全保障理事会が実施することができ、加盟国は、武力攻撃を受けた場合、安全保障理事会が必要な措置をとるまでの間、自衛権を行使できると規定しており、自衛権行使については、武力攻撃を受けた時と、安全保障理事会が必要な措置をとるまでの間の措置と厳格に規定されている。

冷戦による対立

もちろん、このように理想を高く掲げてスタートした第二次世界大戦後の世界だったが、現実には、国際の平和が容易に守られる世界ではなかった。第二次世界大戦を戦っている間は、米国とソ連は同じ連合国の一員であったが、ドイツとの戦いで勝利が確実視されると、米ソの利害関係に対立の芽が出始めた。

一九四五年二月のヤルタ会談は戦後体制を議論する会合であったが、ポーランド問題も主要議題となり、米ソの利害関係が対立し、東西冷戦の端緒となった。大戦後は、欧州において共産主義が勢力を伸ばし、東欧諸国では共産主義勢力を中心とする政府が樹立され、ソ連陣営に加わることになった。また、ドイツの首都ベルリンは分割され、ベルリン封鎖の事態が起きるなど、米ソが早々と対立する構造が生まれ、冷戦対立が激しくなっていった。

アジアでも一九四九年に中国共産党が勝利し、中華人民共和国が建国され、中国国民党は台湾に逃れた。そして一九五〇年、ソ連の支援を受けた北朝鮮が三八度線を越えて韓国に侵入し、朝鮮戦争が勃発した。この時、米軍を中心に英国、フィリピン、豪州などが加わる形での国連軍が参戦した。これが唯一、安全保障理事会決議を経て結成された国連軍だが、それはたまたま一九五〇年一月以降、中国の国連における代表権が中華人民共和国ではなく、中華民国に割り当てられたことに抗議して、ソ連が国連の会合をボイコットしており、ソ連が拒否権を行使することなく、安全保障理事会決議が可決されたためであった。

冷戦が本格化すると、米ソ対立の構図により、国際連合とその中核である安全保障理事会が、国際の平和と安全の維持に関して、国際連合設立当初に期待されたような機能を発揮できない事態が続いた。そして朝鮮戦争に続き、ベトナム戦争の嵐が吹き荒れ、数次にわたる中東戦争が勃発した。しかし、冷戦の名が表すように米ソ核兵器大国が向かい合いながらも、大国間のホットな戦争は避けられ、一九九一年のソ連崩壊を迎えたのだった。

キューバ危機――核戦争を回避

この間、米ソ間で核戦争の危険が眼前に迫ったことがあった。一九六二年のキューバ危機である。一九六二年夏にソ連がキューバに核ミサイルの配備を決め、中距離弾道ミサイル（ＩＲＢＭ）など六〇基の配備とミサイル基地の建設を進めたが、米国のＵ－２偵察機

キューバ近海でにらみ合うアメリカの軍用機P-2とソ連の軍用貨物船

がその存在を発見した。十月十六日、その事実が撮影写真と共にホワイトハウスに報告され、世界が核戦争に最も近づいた十三日間の幕が切って下ろされた。

ホワイトハウスでは、海上封鎖か空爆か、さらには軍事侵攻までさまざまな選択肢が議論された。二十二日にはケネディ大統領がテレビ・ラジオを通じてキューバにソ連の攻撃用ミサイルが持ち込まれたことを国民に説明し、海上封鎖を発表、ついに二十七日、「暗黒の土曜日」を迎えた。この日、米国のU－2偵察機がソ連のミサイルで撃墜される事件が起き、その一方で、核魚雷を積載したソ連の潜水艦がキューバ海域に向かうなど、一触即発の事態となった。米軍では準戦時体制が敷かれ、アメリカ国内の基地では核弾頭搭載の弾道ミサイルが発射準備を完了し、日本などに駐留する米軍基地も臨戦体制に置かれた。

ここで「ミサイル基地建設の中止及び攻撃型ミサイルの撤去と引き換えに海上封鎖を解き、キューバを攻撃しない」との内容のケネデイ書簡が発出され、フルシチョフ第一書記がこれを受け入れ、人類最悪の事態が回避されたが、この間、米国の軍上層部が空爆実施を大統領に迫るなど、極めて危険で緊迫した状況が続いていたのだった。

このキューバ危機は、ケネディ大統領とフルシチョフ第一書記が、各々、国内の強硬派を抑えつけ、最終的に首脳間の判断と外交で危機回避に成功したが、マクナマラ国防長官が「ポトマックの美しい夕日を生きてもう一度見ることができるだろうかと思った」と語ったほどの「暗黒の土曜日」、緊張の十三日間であった。

このキューバ危機を教訓に、翌一九六三年には米ソ間で核軍縮の話し合いが行われ、部分的核実験禁止条約（ＰＴＢＴ）が合意された。その後、米ソ間では相互確証破壊（ＭＡＤ）戦略が成立し、お互いに核攻撃は行わないことが申し合わされたのだった。

核戦争の回避――インド・パキスタン紛争

インドとパキスタンはカシミール地方の領有を巡って対立し、戦争も繰り広げていたが、その両国が一九九八年に核実験を強行した。

五月十一日、まずインドが地下核爆発実験を行ったと発表し、その理由として、核およびミサイルの拡散の結果、インドの安全保障環境が悪化していることを挙げたのだった。これに対し、パキスタンは五月二十八日、インドに対抗する形で、自衛のためとして地下核爆発実験を行ったと発表し、インド、パキスタン両国が事実上の核兵器保有国となった。多くの国が核実験を批判し、日本及びアメリカは両国に対し経済制裁を実施した。

その後、インド・パキスタン両国の関係は一時的に安定を取り戻した時代があったが、二〇一九年、カシミール地方のインド側でインド警察隊を狙ったテロが発生し、四〇人のインド警官が殺害される事件が起きた。これに対し、インドがカシミール地方のパキスタン側への空爆を実施、パキスタンがインド空軍機を撃墜する事態が続き、両国関係が極度に緊張した。

この時の状況について、トランプ政権で国務長官を務めたポンペオ氏は、アメリカの仲介により、間一髪のところで核戦争が回避されたと自伝で回顧している。その自伝によれば、パキスタンが核兵器を発射する準備を始めたとの情報が入り、アメリカがパキスタン軍の最高司令官に何度も連絡を取ったところ、パキスタン側はインドが核攻撃の準備をしていると考えたからだと応答、結局、インド、パキスタン双方に相手が核戦争の準備をしていないと納得させるのに数時間かかった、とのことだった。

イランの核開発

インド・パキスタンのケースは、事実であればアメリカの外交が核戦争の勃発を未然に防いだことになるが、その一方でアメリカが核開発で世界を危険に陥れたケースもある。それはイランについてである。イランは高濃縮ウランの開発を進めてきたが、原子爆弾の製造を狙っているのではないかとの疑いが持たれ、二〇〇八年には遠心分離機三八〇〇基が設置済みと国際原子力機関（ＩＡＥＡ）が発表した。イスラエルはイランの核保有の可能性を極度に警戒しており、イスラエルがイランに対し先制攻撃を加えるのではないかといった報道が飛び交った。

そうした緊張状態の中で、アメリカをはじめとする国連安保理常任理事国五カ国にドイツが加わりイランとの交渉が行われ、二〇一五年にイランとの核合意が達成された。この核合意において、イランは核施設の大幅な縮小に同意し、対イラン制裁が解除されることとなり、一時的にイランの核開発をめぐる緊張状態が和らいだのだった。

しかし、二〇一八年、アメリカのトランプ大統領がイラン核合意は不十分なものだとして、この合意から脱退を宣言し、再び、イランの核問題が中東での緊張を招くこととなった。イランは濃縮ウラン活動を再開し、濃縮度六〇%の高濃縮ウランを製造、核兵器製造まであと一歩のところまで来ている。

イランが核兵器を保有する事態に近づけば、イスラエルの攻撃がありうるとみられており、中東の大きな火種となっている。バイデン政権になって、再びイランとの交渉は再開したが、交渉は難航を極めており、引き続き緊張状態が続いている。

第四章

戦後の日本の歩み
——日本国憲法と日本の防衛戦略

平和憲法は日本に固有のものではない

安全保障政策に焦点を当て、戦後の日本の歩みを振り返っておこう。

一九四五年の敗戦から一九五二年まで、日本は連合国軍（GHQ）の占領下におかれた。これは唯一、日本が外国勢力の支配下に入った期間であり、この間に日本国憲法が制定された。一九四六年、公布された日本国憲法は、第一条で天皇の地位について「日本国の象徴であり日本国民統合の象徴」と規定した。

そして、憲法前文において、「政府の行為によつて再び戦争の惨禍が起ることのないやうにすることを決意し」「日本国民は、恒久の平和を念願し、人間相互の関係を支配する崇高な理想を深く自覚するのであつて、平和を愛する諸国民の公正と信義に信頼して、われらの安全と生存を保持しようと決意した」と記し、軍国主義と決別し、平和主義に徹することを宣言した。

この基本精神に則り、憲法第九条において、「日本国民は、正義と秩序を基調とする国際平和を誠実に希求し、国権の発動たる戦争と、武力による威嚇又は武力の行使は、国際紛争を解決する手段としては、永久にこれを放棄する。

②　前項の目的を達するため、陸海空軍その他の戦力は、これを保持しない。国の交戦権は、これを認めない」と規定し、戦争と武力による威嚇、または武力の行使は放棄すると宣言し、その目的を達するため、戦力は保持しない、と定めたのだった。

これが、日本国憲法が平和憲法と言われる所以《ゆえん》である。

この憲法がGHQによる「おしつけ憲法」であり、日本人が自らの手で作り上げた憲法ではないという憲法改正論者からの批判が根強くあり、長年にわたって憲法改正論議が行われてきた。また、この平和憲法は現在の厳しい安全保障環境には合致しておらず、問題だ、という指摘も多く聞かれる。

もっとも、平和憲法が日本に特有のものだというわけでもなく、戦後のフランスやイタリアの憲法も平和憲法の一類型だとされている（巻末資料参照）。また前述の通り、一九二九年発効のパリ不戦条約は、国際紛争を解決する手段としての戦争を放棄し、紛争は平和的手段により解決すべしと規定している。さらに、国際連合憲章は、先に見たとおり、国際紛争は平和的手段によって解決すべきとされており、武力攻撃を受けた時のみ、自衛権を行使することを認めている。この一連の世界の流れを見ると、日本の平和憲法は日本に固有のものであり、極めて特異なものだ、というわけではない。

日本国憲法について特異な点は、「陸海空軍その他の戦力は、これを保持しない」と規定されている点である。この規定があるため、一切の戦力の保持が許されないのであれば、まさに極めて特異なこととなる。しかし独立国家である以上、主権国家として固有の自衛権は否定されておらず、自衛のための実力を保持することは認められている、というのが日本政府の立場であり、自衛隊の基盤的解釈となっている。私も、自衛のための戦力保持は日本国憲法下でも当然に認められると考える一人であり、実際にも自衛隊は世界でも有数の装備を備えた組織であり、国際的には軍隊と見なされる戦力を保有している。

日本が日本国憲法の下で、自衛の軍隊を持てるかどうかが最初に問われたのは、戦後間もなくの一九五一年、朝鮮戦争が始まった時であった。GHQのマッカーサー最高司令官は吉田茂首相に書簡を発出し、七万五〇〇〇人の警察予備隊の創設を指示し、これを受けて吉田首相は政令で警察予備隊を創設、この警察予備隊が自衛隊に発展していくことになった。

翌一九五二年、ダレス特使が吉田首相に再軍備を要求し、これを吉田首相が拒否したと伝えられていたが、その後、吉田首相は五万の国防軍を時間をかけて作ると提案し了承されたというのが真実だと明らかにされた。吉田首相は再軍備を頭から否定するものではなかったと見られるが、吉田首相の考え方の根底には、戦前の軍国主義への反発があり、まず日本が行うべきは経済の復興である、という確固とした考え方を持っていたと私は理解している。

その吉田首相の選択は正しかった。荒廃した国土から復興に向けて立ち上がった日本は、わずか二十数年で世界第二位の経済大国に発展したのである。この間、日本の安全保障は日米同盟と必要最小限の規模の自衛隊によって守られてきたが、何といっても世界最強国家である米国の「日本防衛」というコミットメントが大きかったことは間違いない。

日米安全保障条約

日本は一九五二年のサンフランシスコ講和条約によって主権を回復し、国際社会に復帰した。この時点で、朝鮮戦争が勃発しており、中国でも共産党による中華人民共和国が誕生していたが、日本は米国をリーダーとする自由主義キャンプの一員となることを選択した。

これは極めて合理的で、現実的な選択であった。米国としても、日本を東アジア地域の安定した協力国として育てようと考えていたはずであり、また、日本を米軍のアジアにおける拠点として確保したいと考えていた。このため、サンフランシスコ講和条約の署名と同じ日に日米安全保障条約が署名され、日本が主権を回復した後も、米国が日本に基地を持ち、米軍が駐留することを可能にしたのだった。

この第一次日米安全保障条約は米国の対日防衛義務を含んでおらず、日本からすれば基地だけを提供する不平等な条約といえたが、一九五二年当時、日本としても自らの安全を確保する上で、米軍が日本に留まることが不可欠と判断しており、日米双方の必要性から結ばれた条約であり、双方に異論はなかった。

しかし、時が経つにつれ、米国が対日防衛義務をコミットせず、その一方で日本が基地を提供するのは問題だ、という声が強まり、日米安全保障条約の改正を求める主張が強まった。さらに吉田政権の後継政権として登場した鳩山一郎首相は、一九五五年一月、国会で行った施政方針演説において、自主独立を完成するのが最大の課題だと位置付け、「自主平和外交の展開、自主防衛態勢の確立と駐留軍の早期撤退を図ること」を基本方針として打ち出した。この鳩山政権の基本方針に米国は驚愕した。「一体、日本はどうなっているのだ、米国の忠実なジュニア・パートナーではなかったのか?」という疑問が米国で沸き起こったと伝えられている。

米国にだけ頼るのではなく、自主外交路線を打ち出した鳩山政権の姿勢を興味深く見たのがソ連だった。一九五五年、ソ連は日本との国交正常化交渉に踏み切り、平和条約が締結されれば、歯舞《はぼまい》、色丹《しこたん》二島の引き渡しをする用意があるとまで踏み込んだ。これは日本にとって驚きの申し出であった。そして二島返還で交渉が進むかに見えたが、そこへ危機を感じた米国が割って入り、ダレス国務長官が、米国の利益を損なう場合は沖縄の返還はなくなる旨の圧力をかけたとされている。この結果一九五六年、平和条約締結後に歯舞群島と色丹島を引き渡す、と明記した日ソ共同宣言に鳩山首相とブルガーニン首相が署名し、国交は回復したが、平和条約交渉は進まず、鳩山首相も日ソ国交回復を花道に退陣したのだった。

バランスが取れたものになった六〇年安保

米国は「一九五二年日米安保条約」の改定に否定的な態度を見せてきていたが、このような日本国内の動きに懸念を覚え、岸首相との間で日米安保条約を改定することを決断した。この結果、一九六〇年に署名された現行の日米安全保障条約では、同五条で米国の対日防衛義務、同六条で日本による在日米軍基地提供義務が明記され、バランスの取れたものとなった。

ちなみに、日本が攻撃されたら、米国は日本を守らなくてはならないが、米国が攻撃を受けても日本には米国を守る義務がない、これは不公平だ、といった主張が聞かれることがある。最近でも二〇一九年、トランプ大統領がその旨を述べたことがあり、日本の政治家の間でもそうした主張に耳を傾ける向きもあったが、現行の日米安全保障条約は、上記の五条と六条でバランスが取れており、不公平だといわれる筋合いはない。事実、在日米軍基地は米国の世界戦略、とりわけ、対中戦略において極めて価値の高いものであり、米軍関係者は一様に日米安全保障条約体制を高く評価している。

日本国内でも、日米安全保障条約への世論の支持は高く、米軍が日本に駐留することに対して、これに反対、ないし疑問を持つ声は少ない。しかし、世界を見渡し、歴史を紐解いてみると、主権国家において、外国軍隊が駐留するということは極めて例外的な事象だということは確認しておく必要がある。その上で、今日の日米安全保障条約体制は、現下の国際情勢において、日米両国にとって必要なものであり、かつ、ウィン・ウィンの関係のものだと捉えるべきである。

日本の防衛戦略の変遷

日本は、日米安保体制を柱にして、専守防衛の原則を長年にわたって維持してきた。自衛隊の規模、実力に関しては、専守防衛の原則の下、必要最小限なものとする方針を維持し、防衛予算は概ねＧＤＰの一％内とされ、日本は専守防衛の「盾」に徹し、他国の領域を攻撃する能力「矛」は米国に委ねてきた。

こうした日本の姿勢が国際的に批判を受けることはなかったが、米国との間では一九八〇年代から軋《きし》みも出始めていた。日本が経済大国となり、米国経済が日本からの輸入増大で苦しんだ時代、日本の「ただ乗り」批判が米国議会で盛んになった。

そして一九九〇年、湾岸戦争の時にその対日批判はピークに達した。イラクのクウェート侵略に対し、米国を中心にして多国籍軍が形成され、日本も自衛隊の派遣を求められた。この米国からの要求に対し、日本は自衛隊の海外派遣は現行憲法の規定に照らし不可能だとの姿勢を崩さず、財政支援で対応した。しかし、一三〇億ドルという巨額の財政支援を行ったにもかかわらず、全く感謝されず、小切手外交と揶揄《やゆ》され、クウェートがニューヨーク・タイムズに掲載した感謝ノートに日本の名前が含まれていなかったことは日本の関係者に衝撃を与えた。

この苦い経験から、国連の平和維持活動（ＰＫＯ）に自衛隊の参加を可能とする国際平和協力法が成立し、カンボジアやゴラン高原などいくつものＰＫＯ活動に自衛隊が参加してきた。この自衛隊の海外派遣は、日本の防衛面での必要性からなされたものでは必ずしもなく、経済大国日本の国際貢献という観点からの参加であり、政治判断であった。

一九九〇年代に入り、北朝鮮が核・ミサイル開発を進めたため、北朝鮮が日本の安全保障上の脅威として浮上した。とりわけ一九九八年、北朝鮮が日本列島を超えてミサイルを発射したことは日本国民に衝撃を与え、深刻な脅威と受け止められた。

この衝撃が一九九九年周辺事態安全確保法の成立に繋がった。同法は、日本の周辺の地域において、日本の平和及び安全に重要な影響を与える事態に関し、日本が日米安保条約の効果的な運用に資する活動、主に後方支援活動を可能にするものであり、米国との連携を緊密化し、日本の安全を確保しようとするものであった。

しかし、この法律の下では、日本自身が周辺事態において武力行使を行うことは含まれておらず、あくまで後方支援活動に限定したものだった。自衛隊が武力行使を行うのは、引き続き、日本が攻撃を受け、自衛のために行う活動に限られていた。

二〇一五年安全保障関連法

日本の防衛面での役割分担が大きく変化したのは二〇一五年である。時の安倍首相は、集団的自衛権の行使を可能にしなければ日本の安全は確保し得ないという強い信念を持っていて、現行憲法の下でも集団的自衛権の行使は認められるとの憲法判断に従い、安全保障法制を新たなものとしていった。二〇一五年九月に成立した安全保障関連法は集団的自衛権の行使を可能にし、日本と密接な関係のある国に対し武力攻撃が発生し、これにより日本の存立が脅かされる場合、日本自身が武力攻撃を受けていなくても、自衛隊が武力行使を行う道を開いたのである。

これにより、例えば、海上自衛隊による「米艦防護」が可能となった。また、例えばスーダンに派遣した陸上自衛隊の部隊が他国ＰＫＯ部隊への「駆けつけ警護」を行うことも可能にした。安全保障関連法案に対し、日本弁護士連合会が憲法違反だ、と反対の声明を出したが、日本国内では大きな反対運動は起きず、法案が可決されたのだった。

この二〇一五年安全保障関連法の背景にあったのは、超大国化する中国の出現とオバマ政権の内向き姿勢ではなかったかと考える。二〇一〇年に日本を追い越し、世界第二位の経済大国となった中国は、リーマンショックで打撃を受けたアメリカを横目に四兆元の内需振興予算を組み、世界経済をリードした。しかし、その自信はやがて過信となり、その振る舞いは世界的に顰蹙《ひんしゅく》を買うような横暴なものとなった。南シナ海では、フィリピンやベトナム、マレーシアなどが南沙《なんさ》諸島や西沙《せいさ》諸島で各々小さな島の領有権を主張してきていたが、そうした状況を無視し、明の時代から中国のものであったとして、南シナ海全部を中国の海だと宣言したのだった。

他方、日本が頼りとするアメリカでは、オバマ大統領が「アメリカはもはや世界の警察官ではない」と述べる一方、中国とは、積極的に関与すれば中国も国際社会の責任ある一員として行動してくれるだろうという考えの下、戦略的関与政策を展開した。

安倍総理はこの状況に危機感を覚えたのだと思う。そこで、日本がアメリカの信頼できる同盟国だと印象付け、アメリカを日本の後ろ盾として、しっかりと繋ぎとめるため、集団的自衛権の行使を可能にしたのだと考えられる。そして、中国の南シナ海での横暴をチェックするため、「自由で開かれたインド太平洋」構想を打ち出し、国際ルールに基づく自由航行の重要性を世界に訴えたのだった。

台湾有事をめぐる議論の活発化

日本の防衛論議がさらに本格化するのは、台湾有事の議論が活発化してからである。二〇一七年にアメリカではトランプ政権が発足し、主に貿易赤字をめぐって中国との関係が厳しさを増し、対中関税の引き上げなどを行った。もっともトランプ大統領自身は中国と習近平国家主席にそれほど悪い印象は持っていなかった。二〇一七年十一月に訪中した際など、「中国との関係は大事だ。習近平主席夫妻と素晴らしい時間を共にした」などと興奮気味に述べたほどだった。

ところがアメリカ国内では、中国が経済発展を遂げるにつれ、台湾への軍事的圧力を強めているとして、対中警戒感を持つ専門家が増えてきていた。中国が台湾の武力統一を目指している、その動きを止めるためには、これまでの「あいまい戦略（注：中国が台湾に武力侵攻した場合、アメリカが軍事的に関与するか否かの問いには、Yes とも No とも言わず、あいまいにしておくという対処方針）を改め、Yes と答える明快戦略に改めるべきだ」という主張も出され始めた（Richard Haass 2020 Foreign Affairs）。

そして二〇二一年三月、デービッドソン・米インド太平洋軍司令官が米上院軍事委員会で「二〇二七年までに中国が台湾に侵攻する可能性がある」と証言した。この証言は現役の軍高官による発言であり、大きな注目を集めた。米軍トップのミリー統合参謀本部議長は、中国が台湾を武力侵攻する能力を持つようになるかもしれないが、その意思はまだないと見ていると証言し、火消しに回ったが、デービッドソン発言は、特に日本においては、一人歩きするほどの影響力を持ったのだった。

続く二〇二一年四月、バイデン大統領と菅義偉《すがよしひで》総理との日米首脳会談がワシントンで開かれ、その共同声明において「台湾海峡の平和と安定の重要性」が盛り込まれた。日米間で台湾海峡に言及したのは、一九七二年、日本が中国との国交正常化を行って以来、初めてのことであり、一挙に台湾海峡が東アジアの重要な安全保障課題として浮上したのだった。

日本国内では、「台湾有事」が頻繁に紙面を賑わすようになり、テレビ画面でも、安全保障の専門家などが一斉に「日本は台湾有事に備えるべし」と強調し始めた。

また二〇二一年八月、政治家と自衛隊の元最高幹部が何人も加わる形で「台湾海峡危機に関する政策シミュレーション」が開かれ、台湾有事が「見える化」されたのだった。

そして政治家の間でも発言が相次いだ。

まずは、二〇二一年七月六日、麻生《あそう》太郎副総理（当時）が「台湾有事は日本の存立危機事態にあたる可能性がある」と発言、翌日の台湾各紙は「中国が台湾に武力侵攻すれば、日本は参戦と日本のナンバー2が発言」とセンセーショナルに報道した。その後、二〇二一年十二月一日には、安倍元総理が「台湾有事は日本有事」と発言し、「台湾有事は日本有事」というフレーズが多くの人の間で定着することになった。

これまで、海上自衛隊による「米艦防護」のような事態は現実には起きていないが、麻生自民党副総裁が、台湾有事は日本の存立危機事態に関わる事態になると発言したように、台湾有事に着目し、新安保法制に基づく自衛隊の出動の可能性を論じる声が大きくなってきている。

防衛政策の大転換――ロシアのウクライナ侵略を受けて

そして、第一章で指摘した通り、岸田政権のもとで日本の安全保障政策に関して大転換が起きた。日本の防衛力を抜本的に強化するとの大方針のもと、防衛費を現行の二倍に引き上げる決定がなされ、それが実現すれば、日本の防衛費は世界第三位の規模となることになった。

さらに規模だけではなく、質的な面でも防衛戦略の大転換が決められた。すなわち反撃能力の保有であり、日本が実際には攻撃を受けていない段階でも、外国からの脅威を受けていれば、外国の基地を叩くための反撃能力を保有することが決められ、米国からのトマホークの調達などが始まっている。これは、明らかに従来の専守防衛からの大きな政策転換であるが、第一章で指摘した通り、国会でも大きな議論が行われずに着々と実行に移されている。

この防衛政策の大転換を可能にしたのがロシアのウクライナ侵略であった。「ロシアのウクライナ侵略に見られる通り、世界の安全保障環境は極めて厳しいものとなっている。アジアはさらに厳しい状況にあり、日本として防衛力を抜本的に強化しなくてはならない」というのが岸田政権の説明であり、この説明がすんなりと国民に受け入れられた感があり、防衛費もＮＡＴＯ並みのＧＤＰ比二％はやむを得ない、いや、妥当な水準だろう、というのが国民一般の受け止め方となった。

しかし、ロシアのウクライナ侵略を引き合いに出して、日本の防衛政策を抜本的に改めるのが正しいことなのかどうか、少なくともそのロジックに正当性があるかどうかを検討すべきではないか、というのが私の率直な考えである。次章において、ロシアのウクライナ侵略について、そうした観点からの検討を加えていくことにしたい。

第五章

プーチンの侵略を止める手立てはなかったのか

ロシアのウクライナ侵略、その攻防

二〇二二年二月二十四日、ロシアのウクライナ侵略が始まった。このロシアによるウクライナ侵略は、第二次世界大戦後に国際社会が築いてきた世界秩序を根底から覆すものであった。第二次世界大戦が終戦を迎えて七十八年になる。その七十八年間、戦争がなかったわけではない。朝鮮戦争、ベトナム戦争、中東戦争、湾岸戦争、イラク戦争などさまざまな戦いがあった。

しかし、ウクライナ戦争は、全く性格が違う本格的な戦闘である。舞台はヨーロッパ、その街角を戦車が進んでゆく。冷戦後は「絶滅危惧種」として無用論も唱えられた戦車が戦いの中心にいる。そしてドローン攻撃や最新鋭のミサイル発射と二十一世紀の戦いが展開されている。また、その模様がSNSで世界中に瞬時に伝えられ、拡散されていく。

国際政治のシステムも根底から揺さぶられている。第二次世界大戦後、世界の平和を維持するために設立された国際連合が機能不全に陥っている。安全保障理事会で拒否権を持つロシアが国際法を蹂躙し、主権国家であるウクライナを侵略したわけであり、戦後七十八年にわたって築かれてきた国際政治のシステムが崩壊の危機に陥っているといって過言ではない。

ロシアが侵略を開始した直後は、おそらくウクライナの抵抗は数カ月ももたないだろう、というのが世界の多くの専門家の見立てだった。ところが信じられないことが起こった。ウクライナの首都キーウに進軍するロシア軍が立ち往生し、ウクライナの反撃にあって退却を余儀なくされる事態となった。すぐにも海外に逃亡するのではないかと見られていたゼレンスキー大統領が大化けし、戦時の勇敢なリーダーとなり、世界的な賞賛を浴びることになった。

こうなると様子見だった欧米諸国の対応が劇的に変化した。世論に後押しされる形で、そろってウクライナを支援する姿勢を示し、ロシアへの制裁が本格化した。当初は、欧州諸国、とりわけドイツがロシアの天然ガスに大きく依存しており、対露制裁に参加するかどうかも疑問視されていた。しかし、そのドイツが先頭を切る形でロシアへの天然ガス依存を断ち切り、ウクライナへの武器支援も行う姿勢を示した。また、ドイツは防衛費について、直ちに大幅増大を行い、NATO諸国に要請されていたGDP比二%を早期に実現すると発表したのだった。

その後は欧米からの武器支援が本格化し、ロシアの苦戦が伝えられ、二〇二二年九月にはウクライナ北部のハルキウをウクライナ軍が奪還する事態となった。苦戦を強いられたロシアは、折に触れて核兵器の使用をちらつかせ、欧米諸国を牽制した。米国はウクライナに与える武器について、ミサイルの射程は限定的なものとし、戦闘機の供与は行わず、NATOがロシアと直接に戦闘する事態だけは避けることに徹してきた。それでも、米国や欧州諸国からウクライナに供与された武器支援は質量ともに凄まじく大きくなっている。米国の支援は、二〇二二年一月二十四日から二三年五月三十一日の期間に、総額七六八億ドル（約一一兆二〇〇〇億円）に上っており、このうち、軍事支援は四六六億ドルと全体の六〇％を占めている。持ち運べる対戦車ミサイル「ジャベリン」や携帯式防空ミサイル「スティンガー」がまず供与され、その後、より遠くを攻撃できるM777榴弾《りゅうだん》砲や高機動ロケット砲システム「ハイマース」が供与された。さらにウクライナからの強い要請に応え、米欧は歩兵戦闘車「ブラッドレー」やドイツ製主力戦車「レオパルト2」などの供与に踏み切った。

欧米からの大量の武器供与を受けて、二〇二三年六月、ウクライナは奪われた領土を取り返すべく、反転攻勢を開始した。しかし、守りを固めたロシア軍の塹壕《ざんごう》作戦に手こずり、期待したような展開とはならずに推移している。ウクライナ軍はバフムートの奪還などドンバス地域での戦いと、クリミアを孤立させるための南部戦線の戦いの両面作戦をとってきたが、ロシア軍の抵抗に遭い、戦いが長期化する様相となっている。この戦いの行方とその後の停戦交渉などについては後述するが、その前に一つ検証しておかねばならないことがある。それが、ロシアのウクライナ侵略を防ぐ方途はなかったのか、という疑問である。

プーチンの侵略を止める手立てはなかったか？

完全な失敗に終わった米国の対ロシア戦略

「ロシアのウクライナ侵略を防ぐ方途はなかったのか？」という問いかけは、ほとんど聞かれない。欧州でも、米国でも、そして日本においても同様だ。その理由は、こうした問いかけがプーチンの侵略行為を正当化する、ないしはプーチンを擁護することにつながる、と考えられるからであろうか。米国のメディアなどはさまざまな立場から検証を行うのが普通であり、当然、ロシアのウクライナ侵略に関しても、この種の問いかけが出てくるはずだと思って、ニューヨーク・タイムズ紙などを詳しく見ていたが、一切、この種の問いかけはなかった。

しかし、これはおかしなことである。戦争が起きるかもしれない、というときに、なんとか戦争が起きるのを防ぐ手立て、抑止する方途を考え、必死に努力するのが大事なはずである。しかも、ロシアのウクライナ侵略が引き起こした事態は、ウクライナの人々の苦難だけではなく、世界的な安全保障体制に大きな影響を与え、米国バイデン政権の世界戦略で最優先課題だったはずの中国との競争を脇に追いやる結果となっている。また、日本においても、何度も指摘するように、岸田総理はロシアのウクライナ侵略を引き合いに出し、日本も防衛力を抜本的に強化しなくてはならない、と連呼している。

戦争は、一旦始まれば、終えるのが難しい、というのはこれまでのさまざまなケースで見てきた通りである。何より大事なことは、そうした戦争が始まらないよう、関係国は最大限の努力を尽くさなければならない。しかし、ことロシアのウクライナ侵略に関しては、「プーチンは、ウクライナ侵略を決めていた。それはロシアの栄光を取り戻すためだ。そのためにはロシアはウクライナを支配下に置いておく必要があった」といった解説がよく聞かれ、「プーチンはウクライナ侵略を決めていたのだから、何をしても止められなかった」といった見方が有力である。果たしてそうであろうか？

私は外交でウクライナ侵略を止める手立てがあったのではないかと考えており、今後の世界と日本の安全保障戦略を考える上でも、少なくとも、その検証はしっかりと行っておかなければならない。

私は、ウクライナのＮＡＴＯ加盟がロシアにとってのレッドラインであり、ウクライナがＮＡＴＯ加盟に動くのであれば、武力で阻止する、というのがプーチンの基本姿勢だったとみている。

二〇二一年十二月、ロシアはアメリカに対し、「ウクライナのＮＡＴＯ加盟がないことを文書で保証せよ」と要求した。プーチンは、ＮＡＴＯの拡大がロシアの脅威となっており、これ以上のＮＡＴＯ拡大は許せないというＮＡＴＯ拡大反対論を主張してきている。しかし、ウクライナについては、ＮＡＴＯ拡大に反対、という基本姿勢以上のものを持っていた。ＮＡＴＯ拡大反対が絶対的な主張であり、それはロシアの安全を脅かすからだ、というのであれば、例えばバルト三国のＮＡＴＯ加盟にも強硬に反対しなければおかしかった。エストニアとロシアのサンクトペテルブルクは目と鼻の先である。しかし二〇〇四年、バルト三国がＮＡＴＯに加盟した際、ロシアは形の上では反対したが、バルト三国にＮＡＴＯ軍は置かない、という形で妥協している。

しかし、「ウクライナは特別だ」という強固な思いがプーチンにあった。それは古い歴史に起因するものである。その歴史とは九世紀、八八二年に建国されたキーウ・ルーシに遡るものである。キエフ大公と呼ばれる君主が支配した国、キーウ・ルーシは、スラブ民族が作った最初の本格的な国家であり、最盛期は、現在のウクライナからロシア、ベラルーシにまたがるヨーロッパ最大の版図《はんと》を誇った大国であった。このキーウ・ルーシは、一二四〇年、モンゴルの侵攻により首都キーウが陥落し、崩壊するが、スラブ民族にとっては自分たちが最初に建国した大国であり、スラブ民族の誇りであった。

プーチン自身、このキーウ・ルーシへの思い入れは強く、二〇二一年七月、プーチン自らが書いた論文において、「ロシアとウクライナの精神的、人間的、文化的なつながりは数百年にわたって築き上げられたものであり、その結びつきの始まりこそキエフ・ルーシであり、ロシア人、ウクライナ人、ベラルーシ人は、皆、かつてヨーロッパ最大の国家であった古代ルーシの子孫だ」と述べている（キエフはロシア語）。

二〇〇四年、ウクライナに親欧米政権が誕生すると、プーチンは欧米が引き起こした政権交代だ、と批判を強め、そのウクライナがNATOに加入する動きを示すと、猛反発した。二〇〇七年二月に毎年恒例のミュンヘン安全保障会議が開催され、私はこの会議に日本代表として参加したが、目の前で行われたプーチン大統領の三十分間にわたる大演説は怒りに満ちた激しいものだった。プーチンが国際会議の場でアメリカへの不満を述べたのはこの時が最初だったが、

「NATOは一体誰に対抗するものなのか？」

「米国はあらゆる意味で国境を踏み越えている。危険極まりない」

と顔を紅潮させ、眼光鋭く繰り広げた米国批判は、会場を圧倒するものであった。

このプーチンの本気度、ウクライナはロシアにとって兄弟国であり、特別な存在だとの思いをどこまで米バイデン政権が理解していたか。二〇一四年に親露派の大統領、ヤヌコビッチが反政府デモで倒されると、プーチンはウクライナに侵攻し、クリミア半島を併合した。その後、ウクライナでは二〇一九年にNATO加盟の行動計画が憲法に書き込まれ、二〇二一年、ウクライナのNATO加盟の動きが本格化した。ゼレンスキー大統領もその路線を突き進む構えを見せたのである。

そして二〇二一年秋、ロシアは軍勢一〇万人をウクライナ国境に展開し、ウクライナとその背後にいるNATO諸国、とりわけ米国に圧力をかけてきた。ウクライナのNATO加盟は絶対に認められない、との断固たる意思表示であった。

これに対する米国の行動は、ロシア軍の動きを逐一、詳細に、機微な軍事情報を含めて公表する、というものだった。軍事情報を公開するというのは異例な動きであったが、その目的がロシアの侵略を阻止するためのものであったとすれば、その米国の戦略は完全な失敗に終わったことになる。しかも、バイデン大統領は二〇二一年十二月の段階で、「ロシア、プーチンは侵略を決めている。しかし、侵略すれば大きい対価を払うことになる」と述べ、経済制裁を課す考えは示したが、同時に「米国が軍を派遣することはない」と述べ、軍事介入はしないと明言していた。

これでは、ウクライナのNATO加入に絶対に反対であり、そのためには軍事行動も辞さないとするプーチンに対して、抑止力が効かず、むしろ「やるなら、どうぞ（go ahead）」と言わんばかりの対応であったと批判されてもやむをえない。

ブリンケン国務長官は外交官失格!?

それでは、どうすればプーチン・ロシアのウクライナ侵攻を防ぐことができたのだろうか？　その手立てがあったかどうか、そのための外交努力がどれだけなされたかを詳しく見ていきたい。

具体的な外交努力は主にフランスおよびドイツによってなされた。フランスのマクロン大統領は二〇二一年十月から十二月にかけて何度もプーチン大統領と電話で会談し、最終的には二〇二二年二月七日にモスクワを訪問、プーチン大統領と会談し、ロシアの武力侵攻を食い止めるための必死の努力を行った。また、ドイツのショルツ首相もプーチン大統領との会談を行った。しかし、フランスやドイツの外交努力だけでは、プーチンを思いとどまらせる力はなかった。

プーチンを思いとどまらせることができるのは米国だけであった。プーチンの要求は、突き詰めて言えば、「ウクライナのＮＡＴＯ加盟がないことを米国が文書で保証せよ」というものであり、プーチンの頭の中には、軍事的な超大国としてはロシアと米国があり、ＮＡＴＯ軍の主体は米国である、従って自分が相手にするのは米国だけだ、という強い思いがあったとみられる。

しかし、米露間ではロシアの侵略を食い止めるための実質的な会談は行われなかった。対面での会談は二度、外相レベルで短時間行われただけであり、首脳間では電話会談しかもたれなかった。二〇二一年十二月の外相会合において、ロシアのラブロフ外相は「ウクライナがＮＡＴＯに加入することはないということを、文書で保証しろ」と要求したが、ブリンケン国務長官はいわばゼロ回答に徹し、「ロシアが侵攻すれば、高い代償を課す」、「現在の緊張を緩和できるかどうかはロシアにかかっている」と述べ、踏み込んだ交渉は全く行われなかった。電話によるバイデン・プーチン会談でも全く進展がなく、バイデン大統領は「ロシアが侵攻すれば、強力な経済的その他の措置を取る」と繰り返すのみ。米国は、ロシアの侵略を外交力でストップさせる努力を全く行わなかった。

この間、プーチンの方が、取材陣に対し、「米国がロシアを戦争に引き込もうとしている。米国に対し、ＮＡＴＯがこれ以上東方拡大しないという約束を含め、法的拘束力のある安全保障を要求したのに対し、米国はロシア側の懸念を無視した」と述べ、あたかも米国に懇願しているような姿勢を示していた。

ブリンケン国務長官がロシアとの向き合い方で何度か口にした言葉があると伝えられた。それは「ロシアは誠意を持って（good faith）話し合う用意がないので、話しても意味がない」というものだった。これが本当ならば、外交官失格である。北朝鮮と核問題で話し合った六者協議、北朝鮮が誠意を持って話し合いに出てくるなどということはあり得なかった。嫌がる相手をさまざまな手練手管《てれんてくだ》、アメとムチを使い、交渉の場に引きずり出し、話し合うのが外交である。

米・ウクライナ戦略的パートナーシップ憲章

二〇二一年十月十二日、ウクライナのゼレンスキー大統領は、ロシアがウクライナ国境に一〇万人の軍隊を展開していると危機感を表明したが、その同じ時期、十一月十日、ワシントンにおいて、ブリンケン国務長官とクレーバ・ウクライナ外相との間で、「米・ウクライナ戦略的パートナーシップ憲章」が署名されていた。同憲章には、
①アメリカはウクライナを民主主義、人権、法の支配という共通の価値観を有する戦略的なパートナーと位置づけ、ウクライナはヨーロッパおよび北大西洋の諸機構に完全に統合

米・ウクライナ戦略的パートナーシップ憲章への署名

されるべきこと。
②ウクライナの民主化の努力を賞賛し、ウクライナの主権、独立、クリミアを含む領土保全に完全にコミットする。ロシアの侵略は地域の平和を脅かし、グローバルなルールに基づく秩序を損なうものだ。
③政治、安全保障、防衛、開発、経済、文化など全ての分野での二国間の協力を拡大し、戦略的パートナーシップを深化させていく。
④NATOのブカレスト宣言などを基礎に、アメリカはウクライナのNATO加入を支持する。
といった内容が盛り込まれている。
　この憲章の署名を受けて、クレーバ外相は、「米国は、ロシアによる侵略への対抗、私たちの主権・領土の一体性と防衛においてウクライナを支持している。攻撃的ロシアを抑制する上でウクライナには強力な同盟国がいるとのシグナルを送ったことになる」と述べ、米国の支持に大きな期待感を表明した。

この「米・ウクライナ戦略的パートナーシップ憲章」を素直に読めば、米国はウクライナのNATO加盟を支持し、ウクライナを全面的に支援していくという内容である。その憲章を二〇二一年十一月、ロシアとの関係が緊張し、ロシア軍がウクライナ国境に一〇万の軍隊を展開している中で発出することの外交的な意味合いを考えざるを得ない。もし、米国が戦略的に考えてこの憲章を発出したのであれば、ロシアとは対決していくとの意思表示であり、外交的になんとかロシアの侵攻を思いとどまらせようとする取り組みではなかった。

ロシアによる侵攻の恐れが最も高まった二〇二二年二月、マクロン大統領が七日にモスクワを訪問し、プーチンと会見し、必死の外交努力を行い、また、バイデン大統領とプーチン大統領の電話会談が十二日に行われるという時に、米国外交の責任者であるブリンケン国務長官が、二月七日から十三日までインド・太平洋問題の意見交換のため、豪州、フィジー、ハワイを訪問したのには驚いたものである。米国がどのくらい真剣にロシアのウクライナ侵攻問題を捉えているのか、大いに疑問を感じざるを得なかった。

外交で侵略を止める手立てはあった

それでは、いかなる方途でロシアのウクライナ侵攻を食い止めることができたか、具体的な方途を考えてみたい。米国の立場は、「NATO加盟については、オープンドアー原則があり、どの国でも入りたい国は手を挙げることができる。実際に加盟を認めるかどうかはメンバー国にかかっているが、最初からNOというわけにはいかない」というものだった。その原則と抵触しない形での解決策としては、「米露両国は、当面、ウクライナがNATOに加盟することはないとの見通しを共有した」といった方式を試みることができなかったのだろうか。もちろん、こうした案をロシアが飲む保証はない。しかし、米国がこのような案を突きつければ、ロシアも対案を出してきて、交渉が本格化する。それが外交というものである。わずか三十分の余談ではなく、夜を徹しての交渉をすべきだった。

しかもバイデン大統領はその当時、メディアの前で、「ウクライナは民主国家として成熟しておらず、当面、NATOに入ることはない」と言っているのだから、なぜ、それをロシアに言わなかったのか、大きな疑問である。

もちろん、そうした小細工でロシアが引っ込むはずがない、といった反論もあろう。そうかもしれないが、少なくとも、ロシアの侵略を防ぐための必死の外交努力をなぜ行わなかったのか。その後のロシアの侵略が引き起こした世界的な大混乱、何よりもウクライナの国民の悲惨な状態、世界的なエネルギー・食料問題、さまざまな状況を見るにつけ、必死の外交努力を行ってほしかったと思うのである。

フランス、中国の和平提案

ロシアのウクライナ侵略について、悪いのはロシアであり、プーチン大統領であることは疑問をさし挟む余地がない。このロシアによる侵略が開始されて一年半近くが経過した二〇二三年六月、ウクライナの反転攻勢が開始された。欧米諸国からの武器支援を得て始まったこの反転攻勢だったが、ロシアの固い守りによってなかなかウクライナが期待したような成果が出ていない。戦争の常として、守りを固め、塹壕《ざんごう》作戦に転じた相手を打ち破るには何倍もの軍勢が必要とされ、ウクライナは苦戦を強いられている。

米国や英国の軍幹部は、ウクライナが東部と南部の二正面作戦に出ているのを改め、当面、南部に勢力を集中すべきだとアドバイスしており、ウクライナ軍も精鋭部隊を南部のザポリージャ州に投入し、要衝《ようしょう》メリトポリの奪還に向けて攻勢を強める構えを見せている。

　反転攻勢が始まった当初から、勝負は二〇二三年末までだ、とする見方が強かった。今後の展開は見通し難い面が多いが、戦いが膠着《こうちゃく》状態に陥れば、欧州および米国の国内事情もあり、停戦に向けた動きが出てくると考えられる。欧州においては、ウクライナ戦争が始まって以来、電気代が高騰しており、EU平均で五割上昇、イタリアでは三倍になっている。そうした状況下で、ウクライナ支援疲れが表面化するのではないかとみられる。すでにスロバキアではこれ以上のウクライナ支援に反対する、と表明した政党が政権を勝ち取った。今後、さらにウクライナへの支援疲れが欧州諸国で顕在化してくるとみられる。

　米国においては、二〇二四年初めから大統領選挙が本格的にスタートし、選挙モードになる。共和党の指名争いでトップを走るトランプ前大統領はウクライナ支援に否定的な考えを示しており、米議会も、共和党が多数を占める下院では、さらなるウクライナ支援のための予算増には反対の声が強く、ウクライナへの武器支援のための追加予算を得るのは困難な状況となろう。

　ウクライナのゼレンスキー大統領は、これまで停戦交渉を否定し、欧米諸国に対し武器支援を強く求めてきた。その際のゼレンスキー大統領の主張は、ロシアとの戦いはウクライナの領土を取り戻すためだけの戦いではない、欧州、そしてアメリカの民主主義のための戦いでもあるのだ（二〇二二年十二月二十一日の米議会での演説）として、欧米諸国の共感と幅広い支持を得てきた。これまでウクライナに供与された武器は、二〇二二年二月二十四日から二三年五月三十一日までの期間に総額二〇九六億ドルに上っているとされており、今やウクライナに世界の武器が勢揃いした感がある。

ウクライナにこれだけの武器が供与され、反転攻勢に踏み切ったわけであり、これが功を奏さず、膠着状態に陥れば、停戦交渉の圧力が強まると考えられる。二〇二二年夏からマクロン仏大統領は早期の停戦交渉を呼びかけてきたが、ゼレンスキー大統領は「ロシアの侵略を甘受しろというのか、今は武器を供与してほしい」として停戦交渉の呼びかけをはねつけてきていた。マクロン大統領は、物事のタイミングを見極めるのが苦手のようだ。一方、米国バイデン大統領は、将来的には外交により停戦を実現する必要があるとしつつ、話し合いをいつ、いかなる形で行うかはウクライナの決めることだ、として傍観してきた。

この間、中国は二〇二三年二月、十二項目からなる和平提案を発表した。それは、①各国の主権尊重、②冷戦思考の排除、③停戦、戦闘の終了、④和平対話の始動、⑤人道危機の解決、⑥民間人と捕虜の保護、⑦原子力発電所の安全確保、⑧戦略的リスクの減少、⑨

食糧の国外輸送の保障、⑩一方的制裁の停止、⑪産業チェーン・サプライチェーンの安定確保、⑫戦後復興の推進、という項目からなり、中国は和平交渉プラットフォームの設立やロシア・ウクライナ間の捕虜交換、戦後復興の推進支援に役割を発揮するとしている。

この中国提案は、「主権尊重」を第一に掲げてはいるが、ロシアのウクライナ侵攻を非難せず、ロシアの撤兵を求めていないものだった。その中国提案に対する関係国の反応をみると、まず、当事者であるロシアは、報道官が直ちに「中国の見解を共有する」と述べ、中国提案を歓迎した。二〇二三年三月には、この提案を持ってロシアを訪問した習近平国家主席に対し、プーチン大統領が「交渉プロセスに対して常にオープンだ」と述べ、中国の顔を立て、交渉への関心も示したのだった。

これに対し、米国のバイデン大統領は「プーチンが歓迎している。これがいい提案であるはずがない」と否定的な姿勢を示し、「中国が戦争の結末について仲裁交渉を行うことは合理的でない」とも述べ、中国が仲裁に関わろうとするのを拒否したのだった。さらにブリンケン国務長官は、「ウクライナの領土からロシア軍を排除するという条件を含まない停戦の呼びかけは、事実上、ロシアによる征服の承認支持を意味する」と述べ、中国提案に極めて否定的な態度を取ったのだった。

もう一方の当事者であるゼレンスキー大統領は、「ロシア軍の完全撤退を含まない計画は受け入れ難い」と強調した上で、「中国の提案の一定要素を歓迎する」「領土保全をめぐり国際法を尊重しているのであれば、中国と連携できる」と述べ、「習近平国家主席と会う用意がある」とまで言ったのだった。このゼレンスキー発言は、ウクライナの強《したた》かさを示すものであり、ウクライナの擁護者となった米国と完全には同調せず、中国との関係維持にも配慮するものだった。

今後、二〇二三年六月に始まったウクライナの反転攻勢がどこまでの成果を挙げることができるか、その軍事面での攻防が停戦、ないし和平に向けた動きに大きな影響を及ぼすことは間違いない。ここでウクライナが決定的な勝利を挙げ、ロシアが撤兵すれば、話は簡単で、国際秩序は維持され、平和が戻ることになる。しかし、そうしたシナリオが現実に起きる可能性は低く、一定の領域での領土回復はあっても、膠着状態に陥る可能性が大ではないだろうか。事実、ウクライナ軍のワレリー・ザルジニー総司令官は十一月一日、「現在の戦況は、膠着状態である」と認め、「戦争の長期化はロシアに有利だ」と述べている。そのロシアは、長期戦を見据え、兵力を増強している。

そこへきて、後述の中東危機が勃発し、ウクライナの問題が少し脇に追いやられてしまった感すらある。膠着状態が続けば、和平への国際的な動きが加速してこよう。欧州では改めて、フランスが動き、ローマ教皇まで和平への取り組みを行っており、活発な和平工作が展開されよう。しかし、ロシアが一定の譲歩をし、和平に動くかどうか、また、ウクライナがロシアによる領土強奪を認めるのかどうか、極めて厳しい和平交渉となることは間違いない。また、対露制裁の取り扱いも交渉上、大きな問題点となろう。おそらくは、部分的な制裁解除が一つの解決策であろうが、この交渉も容易なことではない。

そこで決定的なのは、米国による主導的な関与である。米国が関与しない形での交渉は前に進まず、また、永続する和平はあり得ない。二〇一五年のミンスク合意は戦闘の停止と和平に向けた道筋を示したが、ロシア、ウクライナの両当事国とフランス、ドイツの四カ国がまとめた合意であり、米国は関与していなかった。その後、ミンスク合意が十分に機能せず、今日に至ったわけである。

今日、ウクライナの人々が感じているのは「いい加減な停戦合意をしても、また、ロシアが攻めてくるだろう」という恐怖であり、それを払拭《ふっしょく》する仕組みを考える必要がある。最も力強くウクライナの不安に応える方途はウクライナのＮＡＴＯ加盟だが、これは欧州の主要国、フランスやドイツが直ちにＹＥＳというはずがない。ウクライナがＮＡＴＯに加盟すれば、一つ間違えば、ＮＡＴＯとロシアとの全面戦争に発展する危険があり、欧州主要国は否定的である。

そこで、何らかの国際的な取り決めでロシアの再びの侵略を阻止する手立てを考える必要があるが、それは米国が主導し、中国を巻き込む仕組みではないかと考える。中国も加わる合意ができれば、それに反してロシアが再び侵略を犯せば、中国もロシアに反対せざるを得なくなる、そうした仕組みである。

問題は、今のバイデン政権が、こうした大きな戦略的取り組みと交渉を主導することができるかどうかであり、バイデン外交チームの力不足が心配ではある。

ウクライナ戦争、日本への直接的な脅威はあるか？

日本の安全保障環境を考える時、ウクライナ戦争そのものが日本の安全保障に直接、影響を与えることがあるだろうか。欧州諸国がウクライナ戦争から安全保障上の脅威を感じるのは、ロシアが自分たちのところへも侵略してくるかもしれない、という恐怖に基づくものである。しかし、ロシアが北海道にまで南下し、日本を攻めてくるシナリオはどう見ても考えられず、合理的に考えて、ロシアが日本を攻撃する可能性はまずないと言って間違いない。日本とロシアとの間では北方領土問題があるではないか、という指摘があるかもしれないが、北方領土は七十八年間、ロシアが実効支配しており、その解決策は外交交渉により平和条約を通じてしかなしえない。

　ウクライナ戦争との関係で日本にとって安全保障上の脅威があるとすれば、ロシアが国際法を無視し、力で現状を変える行動に出たことであり、その動きに触発されて日本の隣国が冒険的な行動に出る危険である。また、ロシアが中国と手を組み、日本を圧迫する可能性があるのではないか、との指摘もあり得ようが、その場合も中国が日本にとっての直接の当事者であり、ロシアは二次的な存在である。

　ロシアといえば、サイバー攻撃があるではないか、という指摘もあろう。確かにロシアのサイバー攻撃は新たな脅威である。この問題については、日本自身のサイバー防衛の力をつけていくことが必要なことは言うまでもない。

第六章

勃発した中東危機

ハマスによるイスラエル攻撃

世界の目がロシアのウクライナ侵略に釘付けになっている時、中東で大事件が起きた。二〇二三年十月七日に起きたハマスによるイスラエル攻撃である。

「まさか、そんなことが起きるのか?」と世界が驚いた出来事であった。ハマスがイスラエルとの壁を乗り越え、イスラエル領内に侵入し、イスラエルの人々を一二〇〇名も殺害し、二四〇名以上の人々を人質とした事件である。

これまでもイスラエルとガザ地区の間で、さまざまな戦闘や小競り合いがあり、多くの人々が犠牲になってきた。その時々の犠牲者の数を見ると、二〇〇八年のガザ紛争の時はパレスティナ側の死者が一三三〇人に対し、イスラエル側は一三人、二〇一四年ガザ侵攻の時はパレスティナ側の死者二一五八人に対し、イスラエル側の死者七三人であり、イスラエル側の犠牲者は限られたものであった。今回、そのイスラエルにおいて一二〇〇名もの死者を出し、加えて二四〇名もの人々が人質としてガザに連れ去られたわけで、イスラエルの国民にとって極めて衝撃的な出来事であり、第二のホロコーストだ、といった受け止め方がなされたほどであった。

イスラエルの防衛体制や防諜体制の不備が明らかであり、国内的にネタニヤフ首相は苦境に立たされた。そこでネタニヤフ首相は、イスラエルの自衛のため、ハマスの壊滅が不可欠だとして、ガザ侵攻に踏み切る姿勢を見せた。まず第一弾として、ガザを包囲し、兵糧攻めを行うとともに、空爆を激しく実施した。その結果、一カ月のうちにパレスティナ側の死者が一万人を超え、その内、子どもの犠牲者が四〇〇〇人に達したと報じられた。また、ガザの二三〇万人の人々の多くが食料、水もなく、飢餓の危機に瀕している。さらにネタニヤフ政権はハマス壊滅と人質解放を目的として、本格的な地上軍の軍事侵攻を進め、ガザでは、人道上、未曾有の危機的な状況が出現した。

ブラジルの決議案を米国が拒否

米国は、事件当初からイスラエルの自衛権を擁護し、イスラエル支持を明確にしてきた。バイデン大統領は、十月十八日、イスラエルを訪問し、ネタニヤフ首相と抱き合い、地上軍を侵攻させ、ハマスを壊滅するとしたネタニヤフ首相を全面的に支持する姿勢を見せた。その上で、イスラエルへの六〇億ドルの軍事支援を議会に要請したのだった。

イスラエルも米国も、時代を完全に読み誤ったと思う。今はＳＮＳの時代であり、ガザで起きている悲劇の模様は、刻一刻、世界に拡散される時代である。ハマスによるイスラエル攻撃の直後は、音楽祭を楽しむイスラエルの人々を襲ったハマスの攻撃に批判が集まり、イスラエルへの同情が世界から寄せられた。

しかしその後、日一日と経つにつれ、ガザでの犠牲者が増大し、ガザ南部に逃れた人々も含めて、最低限の食料すらない状況が世界に配信され、国際的にガザの人々への「人道上の配慮」を求める声が猛烈な勢いで強まっていった。

国連の安全保障理事会では、この事態に対して幾つかの決議案が出された。その中で注目を集めたのが、十月十八日に議長国ブラジルが提出した「ハマスによる攻撃を非難した上で、ガザへの人道的アクセスのため、戦闘の一時中断を求める」とした決議案だった。この決議案は一五カ国中、我が国を含め一二カ国の支持を得たが、米国が「イスラエルの自衛権への言及がない」として拒否権を発動したのだった。

自衛の権利、ないし自衛権をめぐる国際的な位置付けは複雑である。

国連憲章において、「武力攻撃が発生した場合、個別的又は集団的自衛の固有の権利を有する」ことが規定されている（国連憲章第五一条）。

では今回のハマスの攻撃が、ここで規定する「武力攻撃」に該当するか否かであるが、本来、国連憲章が規定する「自衛権」は国家対国家を念頭に置いたものであり、国連憲章上の「武力攻撃」に該当するか否かについては確定的な法的評価がなされていない。しかし、ハマスによる攻撃で一二〇〇名もの死者が出たわけで、イスラエルが「自国民を守る自衛の権利」があることは異論のない点であろう。

しかし、その自衛の権利が無制限に行使できるかといえば、そうではなく、そこには一般国際法に照らし、必要性や均衡性といった要件を満たす必要がある。また、ジュネーブ諸条約及び追加議定書は文民たる住民の保護を規定しており、文民に対する攻撃の禁止、無差別攻撃の禁止を定めている。さらに、災害の危険から文民を保護・援助するための人道的任務を行うことも定められている。自国民を守る自衛の権利を行使する際に、ガザの一般市民への攻撃はできるだけ避けなければならないのは当然である。

このように考えると、イスラエルが自衛の権利は有しており、一定のハマスへの攻撃には正当性が認められるものの、ガザを封鎖し、空爆で多数の死者を出した段階で、均衡性の概念と必要最小限の実力行使の域をすでに超えている。地上軍の侵攻に伴い、死者の数が二万人を超えると伝えられており、自衛の権利を超えた行動だと批判されても仕方がないところに来ている。とりわけ、多くの子どもが犠牲になり、また、二三〇〇万人の住民が食料や水もなく、燃料不足で病院も機能しないという状況は人道危機そのものである。この事態をグテーレス国連事務総長は「（イスラエル軍の攻撃は）明白な国際人道法違反だ」

と決めつけたのである。

ガザでの人道上の危機が世界を揺るがし、アラブ世界では、イスラエルの過剰な攻撃を非難する大合唱が起き、世界各地でも「休戦を求める」大規模なデモが繰り広げられている。米国においても、リベラルな立場の市民や若者がイスラエルの軍事行動を批判する声を上げ、ユダヤ系アメリカ人までもがワシントンの議会に乗り込み、休戦を訴える行動を起こした。

こうしたリベラルな層は本来、民主党支持者に多く、トランプよりはバイデンを支持する人たちだった。そうした人々がイスラエルの軍事行動に批判的な態度に出たため、バイデン政権もイスラエル支持の立場を微妙に変化させ、イスラエル政府に対し人道目的のため、軍事行動を一時中断することを求めた。人質解放と引き換えに軍事行動が一時停止されたが、ネタニヤフ首相は軍事行動をやめないとして強硬な姿勢を崩していない。

ハマス攻撃の背景を考える

ハマスの攻撃とイスラエルの反撃に関して、グテーレス国連事務総長は十月二十四日の安全保障理事会で、ハマスによる攻撃を正当化することはできないとしつつ、「イスラム組織ハマスによる攻撃は何もないところから突然起きたわけではない。パレスティナの人々は五十六年間にわたり息が詰まるような占領下に置かれてきた」と発言した。これにイスラエルは強く反発し、グテーレス氏の辞任まで求める事態となった。

「ハマスによる攻撃は何もないところから突然起きたわけではない」というグテーレス国連事務総長の発言の背景には、中東、パレスティナをめぐる厳しい歴史が横たわっている。その原点が一九四八年のイスラエル建国にあったことはパレスティナの人々の一致した考えであろう。それまで平和に暮らしていたパレスティナの人々が、突然、安住の地を追われ、七〇万人のパレスティナ人が難民となった悲劇である。もちろん、ユダヤの人々にとっては、エルサレムはエルサレム神殿のあったユダヤ人の聖地であり、世界に離散したユダヤ民族が、その地にユダヤ人国家を建設したいという長年の願望があり、これが一九四八年に実現したことになる。

イスラエルの建国と大量のパレスティナ難民の発生、過酷な歴史の中で、アラブ諸国は一斉にイスラエルとの戦いに立ち上がり、一九四八年から一九七三年まで、四度にわたって中東戦争が繰り広げられることとなった。数において優勢だったアラブ側は一時的に戦争を優位に進めることもあったが、最終的にイスラエル軍がアラブ陣営を圧倒する結果となった。当初七〇万人だったパレスティナ難民は、国連パレスティナ難民救済事業機関

（ＵＮＲＷＡ）によれば、二〇二一年現在では六三九万人に上っており、そのうち、ヨルダン川西岸に一〇八万人、ガザに一六四万人、ヨルダンに二四六万人、シリアに六五万人、レバノンに五四万人いるとされている。

アラブ諸国はイスラエルを国家としては承認せず、パレスティナの戦いを支援する姿勢を示してきたが、一九七八年、米国の仲介でエジプトがイスラエルを承認し、イスラエルと対立するアラブの隊列から離れることとなった。その後一九九三年になって大きく事態は動いた。オスロ合意である。

このオスロ合意はノルウェー政府の尽力が功を奏し、米国のクリントン大統領が間を取りもち、アラファトＰＬＯ（パレスティナ解放機構）議長とラビン・イスラエル首相との間で調印されたものである。ノルウェー政府はスリランカの内戦やインドネシアのアチェ紛争など世界各地の紛争に調停者として積極的に関与してきているが、ここでもその努力が実ったのだった。その合意内容は、①イスラエルを国家として、ＰＬＯをパレスティナの自治政府として、相互に承認し、②イスラエルが占領した地域から暫定的《ざんていてき》に撤退し、五年にわたって自治政府による自治を認めるというものであり、いわゆる二国家解決策を目指したものだった。

このオスロ合意でパレスティナ問題もついに解決するのでは、そんな希望が灯った瞬間

オスロ合意調印後に握手をするイスラエル・ラビン首相とPLOアラファト議長。中央は仲介したビル・クリントン米大統領

であった。私は、一九九六年五月にガザとヨルダン川西岸を訪れ、現地の状況をつぶさにみる機会があった。ガザでは建物が大きく破損し、銃弾の跡が壁のいたるところに残っていたが、小さな女の子が可愛い服を着て、軽くステップを踏みながら歩く姿が今でも目に焼き付いている。

案内してくれた大使館員は、ガザの人々も絶え間ない戦争に疲れ果てていて、ようやく平和がやってきたと心から喜んでいるようです、と話してくれた。ただ、問題が二つ残っています、と中東専門家であるその館員が説明してくれた。一つは東エルサレムを誰が管理するかという問題、あと一つは西岸の中にあるイスラエルの入植地の問題だった。「その二つが大問題、というか、まさに難題だよね」と私はコメントしたのを記憶している。

西岸に行くと、いたるところにライフルを持った警官が立つ検問所があった。「あのライフルを持っている警官は、ついこの間までイスラエルと戦っていたパレスティナの民兵でしたよ」と聞かされて、不思議な思いもしたが、西岸の各地にも平和らしき雰囲気は漂っていた。

しかし、このオスロ合意は短命で終わってしまった。その後のイスラエルとPLOとの話し合いは進展せず、二〇〇〇年に発生した第二次インティファーダ（パレスティナ人のイスラエル軍事占領に対する抵抗運動）によって和平交渉が決裂したのだった。東エルサレムをどちらが管理するか、という問題は、どの国の法律が適用されるかという根本問題を抱えており、ユダヤ教、イスラム教、いずれの信者にとっても聖地とみなす場所だけに容易に解決を見ることはなかった。また、ヨルダン川西岸の入植地についても、イスラエルの入植者が撤退することはなく、むしろ、入植地が拡大してきているのが実態である。一九九三年に一一万人だった入植者の数は、その後、減るどころか増大し、二〇二三年で四九万人に達している。

忘れ去られたパレスティナ問題

一九四八年のイスラエル建国から二〇〇〇年まで、世界で中東問題といえば、パレスティナ問題が中心だったが、二〇〇一年九月十一日に起きたアメリカ同時多発テロ事件が大きな分岐点となった。イスラム過激派組織アルカイダが引き起こした九・一一事件は米国民に衝撃を与え、ブッシュ政権は「テロとの戦い」を最優先課題と捉え、アフガニスタン侵攻とイラク戦争に突入していった。

テロの首謀者とされたアルカイダの指導者オサマ・ビン・ラーディンは、湾岸戦争以降、米軍がアラビア半島に常駐していたことに強い怒りを抱いていたとされており、パレスティナ難民の問題については関心を示さず、戦うべき相手はイスラエルではなく、アメリカであった。二〇〇六年にサダム・フセインが処刑され、二〇一一年、米軍撤収による戦争終結宣言でイラク戦争は終わりを見たが、この間、パレスティナ問題が世界的に紙面で一面を飾ることはなく、忘れ去られていた。

次に起こったのがＩＳＩＬ、イスラム国の台頭だった。二〇一四年六月、ＩＳＩＬがイラク第二の都市モスルを電撃的に制圧し、世界を驚かせ、イスラム法に基づくイスラム国の樹立を宣言した。その後数年間、このＩＳＩＬが世界の耳目を奪い、パレスティナ問題はさらに人々の関心事から遠ざかってしまった。

地政学的な変化もパレスティナ問題にとってはマイナス要因であった。イラク戦争の結果、それまでイラクを支配していたサダム・フセインが排除され、イラク国内は分裂状態となり、イランがイラクで大きな影響力を持つことになった。イスラムの世界では、シーア派とスンニ派の対立があるが、フセインは宗派的にはスンニ派に属しているものの、政治の面では宗教色は薄く、バアス党に属し、現世的な権力掌握に関心が強い政治家だった。このフセインが殺害されると、イラクの多数派であるシーア派の政権が誕生したが、その中心人物のほとんどがシーア派のリーダーであるイランの強い影響下にあり、イランが中東の大国として大きな影響力を持つこととなった。

この事態に焦りを感じたのがスンニ派のリーダーであり、アラブの盟主を自任するサウジアラビアだった。また米国も、イランとは一九七八年のイラン革命と翌年の米国大使館占拠事件で外交関係が断絶しており、イランの核開発の動きに対し、厳しい経済制裁を加えてきていた。こうした地政学的な変化の中で、サウジアラビアとイスラエルの関係が改善する状況も生じてきていた。

そうしたなか二〇二〇年、米国の仲介もあり、ＵＡＥとバーレーンがイスラエルと国交を樹立する「アブラハム合意」が達成された。イスラエル建国以来、イスラエルを敵対視し、イスラエルを国家として承認してこなかったアラブ諸国がイスラエル承認に舵を切ったのである。さらに二〇二三年に入ると、米国が強力に後押しをして、サウジアラビアがイスラエルとの国交正常化に踏み切る動きが加速した。このサウジアラビアによるイスラエル承認が実現すると、アラブの大義であったイスラエルとの戦い、その中核であるパレスティナ問題は完全に忘却の彼方に消え去る運命にあったと言っても過言ではない。

米国では、すでにトランプ政権の時代に米国の在イスラエル大使館をエルサレムに移し、エルサレムはイスラエルの首都だと宣言しており、二国家解決策も過去のものとなりつつあった。

この時に起きたのが、今回のハマスによるイスラエルへの攻撃であった。この攻撃により、パレスティナ問題、ガザの悲惨な状況と多くのパレスティナ難民の問題が四半世紀ぶりに世界の中心に躍り出た。世界の人々は改めて、今でも六〇〇万人以上のパレスティナ難民がいること、ガザの二三〇万人以上の人々がイスラエルに包囲され、最低限の生活を強いられていることを想起せざるを得なくなった。そして、サウジアラビアとイスラエルの国交正常化の動きは頓挫することとなった。その意味では、ハマスの作戦はパレスティナ側の戦略としては見事なまでに成果を挙げたことになる。

事件が起きた当初は、世界の世論もイスラエルに同情的であったが、ガザの市街が見る影もなく崩壊し、ガザの住民を取り巻く人道的危機が世界に伝わると、イスラエルの軍事行動を批判し、休戦を求める声が世界各地で大きくなっていった。

そのような世界の動きと比較して、驚かされるのは、日本の報道ぶりだった。とりわけ一部のテレビ局は、「さあ、イスラエルの地上軍が、ハマスが築いたトンネルをどのように破壊するのか」と地上軍の侵攻を煽るような報道ぶりであり、元陸上自衛隊の最高幹部だった人などがテレビに連日のように出演し、トンネルを破壊する方法など、技術論を得々と説明していた。世界の多くの人々がこれ以上の犠牲者が出ることを懸念し、人道的な見地から停戦を求めているのとは真逆な姿勢であり、大いに違和感を覚えたものだった。

中東戦争に発展するか？

イスラエルのガザ攻撃を受けて、アラブ諸国は一様にイスラエルを厳しく非難し、パレスティナへの連帯を表明しており、サウジアラビアのイスラエル承認は遠ざかったとみられている。

イスラエルとハマスの戦いを最も間近で強い関心を持って見守っているのが、イスラエルの北に控えるヒズボラである。レバノンに拠点を置くヒズボラはシーア派に属し、イランとの関係が深く、ハマスよりも兵力は上だとみられている。このため、イスラエルがハマスと戦っている時に、ヒズボラが北からイスラエルを攻撃するような事態となれば、イスラエルは苦境に立たされることになる。アメリカはそうした事態を懸念し、空母を二隻東地中海に送り、ヒズボラとその背後にいるイランを牽制したのだった。

ヒズボラ及びイランは、当初は慎重な行動をとり、ヒズボラが散発的にイスラエルへのミサイル攻撃を行ったりはしたが、本格的な軍事行動は控えてきた。しかし年が変わり、二〇二四年一月になると事態は動き、中東での戦線が拡大する危険が出てきた。一月二日、レバノンではハマスの高官が殺害され、さらに一月八日にはヒズボラの司令官の一人が殺害される事件が起きた。こうした状況を受けて、ヒズボラはイスラエルへのミサイル攻撃を強め、ガザから隣接のレバノンに戦線が拡大し始めた。

さらに戦線はアラビア半島南部にも拡大した。アラビア半島南端に位置するイエメン、その南イエメンを実効支配するフーシ派が、イスラエルのガザ攻撃に反対の立場から、二〇二三年十一月以降、紅海でイスラエル関連の商船に攻撃を行ってきた。日本郵船が運航する貨物船も拿捕《だほ》されている。そして二〇二四年一月に入ると、アメリカの船舶が攻撃を受け、これに対しアメリカはイエメンへのミサイル攻撃を行い、中東地域で広域戦争に発展する可能性が出てきたのだ。

ヒズボラ及びフーシ派の背後にはイランが控えており、フーシ派の攻撃にはイランの関与が取り沙汰されている。いよいよ、イスラエルのガザ侵攻の影響が中東全域に及ぶ危険が出てきたかと思われたが、アメリカは「イエメンと戦争をするつもりはなく、あくまで国際貿易を守るための限定的な関与だ」としている。イランも比較的に抑制した姿勢を示しており、二〇二四年初頭の段階では未だ中東全域での全面的な戦線拡大には至っていない。しかし事態は流動的であり、今後、中東地域でさらに大規模な戦争に発展するかどうか、注意深く見守っていく必要がある。

日本への影響

このガザでの出来事とその後の中東情勢が日本にどのような影響を与えるのかを検討してみたい。日本にとって中東は石油の供給源として極めて重要な位置を占めてきた。米国をはじめ世界の多くの国が原油の中東依存を減少させてきているが、日本は引き続き中東に大きく依存したままであり、原油輸入に占める中東の割合は九二・五％（二〇二一年度）と極めて高水準のまま推移し、二〇二二年七月にはロシアのウクライナ侵攻を受けて原油輸入の中東依存度は九八％にまで達した。ガザでの事件が、中東全域の戦争に拡大しなければ、原油輸入などにおいて日本にそれほど大きな影響はないが、イランを巻き込む形で戦線が拡大すれば、甚大な影響を受けることになる。

イランといえば、二〇一五年、集団的自衛権の行使に関連して安保議論が盛んだった頃、当時の安倍首相がホルムズ海峡を例示し、ホルムズ海峡が封鎖されるような事態になれば、日本の存立に甚大な影響を与えることになり、存立危機事態に該当すると国会で説明したことがあった。

今一つの問題は核に関することである。ガザ侵攻に際して、イスラエルの閣僚が核使用の可能性に言及したことがあった。イスラエルが事実上の核保有国だというのは安全保障の世界では常識となっているが、そのイスラエルの閣僚がガザでの核使用の可能性に言及したのは驚愕すべきことであった。さすがにネタニヤフ首相は核使用を完全に否定したが、極右政党に所属し、連立政権で文化遺産担当相のポストにある閣僚の発言は中東各国に衝撃を与えたものだった。そのような事態となれば、アラブの大国がこぞって核保有に進みかねず、極めて深刻な事態となる。

中東情勢が直ちに日本の安全保障に大きな影響を与えることはないだろうが、この二つの問題、中東の原油と核拡散の問題は日本の安全保障上も重大な懸念事項である。日本としては、ガザの人道危機に対して、イスラエルの自制を強く求め、停戦にむけて国際社会とともに外交を活発化させるべきであり、その後の取り組みとしては、イスラエルとパレスティナの二国家解決策の実現に向けて、双方との関係を維持してきている日本が外交に汗をかくべきである。

第七章

日本にとっての安全保障上の脅威

国家安全保障戦略を読み解く

二〇二二年十二月、岸田内閣は国家安全保障戦略、国家防衛戦略、防衛力整備計画のいわゆる安全保障三文書を改定し、閣議決定した。この安全保障三文書の閣議決定の際に岸田総理が記者会見を行い、前述の通り、今後五年間で緊急的に防衛力を抜本的に強化するため、四三兆円の防衛力整備計画を実施し、二〇二七年度にはGDPの二％の予算を防衛費に確保すると表明。また、防衛力強化のため新たな能力が必要だとして、その第一に反撃能力の保有を上げ、これは厳しい安全保障の環境下において、相手に攻撃を思いとどまらせる抑止力となるものであり、今後不可欠となる能力であると説明した。

この安全保障三文書は、日本の安全保障の大転換だと報じられたが（NHK）、メディアはその概要を淡々と報じるだけであり、踏み込んだ分析はみられなかった。第一章で指摘した通り、「ロシアによるウクライナ侵略という暴挙があり、我が国の周辺国、地域においても核・ミサイル能力の強化、あるいは急激な軍備増強、力による一方的な現状変更の試みなどの動きが一層顕著になっている」との岸田総理の冒頭説明に、なんとなく納得しているかのような報道ぶりであった。

しかし、日本の防衛政策の大転換を意味する今回の決定については、少なくとも、詳しく吟味する必要があるはずであり、政府の説明を鵜呑《うの》みにするようでは、メディアや専門家が役割を果たしているとはいえない。そこで本書において、その内容を吟味し、幾つかの疑問点を提起してみることにしたい。

まず、「国家安全保障戦略」は、「我が国は戦後最も厳しく複雑な安全保障環境に直面している」と断定し、具体的な日本周辺の諸課題への解決に向けた取り組みとして、「中国が力による一方的な現状変更の試みを拡大していることに強く反対し、毅然として対応する。中国の急速な軍事力の強化及び軍事活動の拡大に関して透明性の向上を求め、軍縮の努力に向けて働きかける」

「北朝鮮による核・ミサイル開発に関しては、非核化に向けた行動を求めていく」

「ロシアに対しては日本の国益を守る形で対応していく」

と記述しているが、これだけでは、どれだけ安全保障環境が厳しいものであり、これに対して日本がいかなる形で具体的に、抜本的な対応をするのか明確にされていない。

そこで「国家防衛戦略」を見ていくと、

「中国は東シナ海、南シナ海において、力による一方的な現状変更やその試みを推し進め、北朝鮮はかつてない高い頻度で弾道ミサイルを発射し、核の更なる小型化を追求するなど行動をエスカレートさせ、ロシアもウクライナ侵略を行うとともに、極東地域での軍事活動を活発化させている。

この状況を「戦後最も厳しく複雑な安全保障環境」だとした上で、中国の国防費が急速に増加し、日本の防衛費の四・八倍に達していること、中国海軍艦艇が尖閣諸島周辺海域で活動を活発化させていること、台湾周辺での軍事活動を活発化させてきていることなどを指摘し、これまでにない戦略的な挑戦であり、これに対し、我が国の防衛力と同盟国との連携により対処すべきだとしている。

北朝鮮については、核・ミサイル開発について日本にとり、一層重大かつ差し迫った脅威となっている、と指摘するにとどまっている。

その上で、我が国への侵攻を抑止するために防衛力の強化の必要があり、鍵となるのは反撃能力だと記述している。

以上の記述から解析すると、中国の防衛力の強化と日本周辺での軍事行動の活発化、及び北朝鮮の核・ミサイル開発が進んでいることが「戦後最も厳しい安全保障環境」の主な内容と推察されるが、そうした安全保障環境にあって、「日本への侵攻の可能性あり」と直ちに判断するのは、論理の飛躍があると言わざるを得ない。そして日本への侵攻を抑止するためには、反撃能力を持つことが鍵だという組み立ても、十分な検討を加えた結果といえるのか、疑問に感じざるを得ない。

日本への侵攻の可能性、という場合、中国が日本のどこに侵攻してくることを想定しているのだろうか。それが尖閣諸島であれば、今に始まったことではなく、一九七〇年代から中国は自国の領土と主張してきているが、日本がしっかりと尖閣諸島を実効支配してきている。二〇〇四年に中国人が七人、尖閣諸島に上陸した際、日本はこの七人を逮捕し、国外退去処分にしてきた経緯がある。今後も、海上保安庁の巡視船で隙間なく巡視を続け、尖閣諸島の守りを固めるのが正攻法である。また、日米安全保障条約第五条が尖閣諸島に適用されると日米両国首脳が繰り返し確認しているが、そうした対応が尖閣諸島を守る最も確実な方途である。

北朝鮮の核・ミサイル開発が進んでいることが日本にとって脅威であることには違いがないが、これも一九九〇年代から北朝鮮が進めてきていることであり、この北朝鮮の開発を阻止するためには、一段と国際的な圧力を加え、中国も交えた北朝鮮の非核化を進めるための外交努力が鍵ではないだろうか。

そのいずれの場合も、すなわち中国の尖閣諸島への侵攻、あるいは北朝鮮のミサイル攻撃を阻止するため、反撃能力を持つことが本当に有効な手立てなのだろうか。その場合、日本がどれだけの反撃能力をもてば、中国が尖閣諸島への侵攻を諦めるのか、また、北朝鮮が日本へのミサイル発射を止めることになるのか。この辺りの検討、シミュレーションが十分になされているのか、大いに疑問を感じるところである。

中国――東シナ海を「平和な海」にする二〇〇八年合意

「中国が一番の脅威」

国家安全保障戦略および国家防衛戦略において、軍事力を大幅に強化している中国が日本の安全保障にとり最大の脅威だと認識されているが、その認識自体は日本国民の間でほぼ共通のものであろう。「日本が直面する安全保障上の脅威はどの国か?」と学生に質問しても、七割が中国、三割が北朝鮮、というのが大体の相場感である。

そこで、まずは中国、そして次には北朝鮮について、実際にどの程度、深刻な脅威であるのか、その脅威に対処するには日本として何をするのが効果的かを具体的に考えていくことにしよう。

圧倒的に巨大になった隣国、中国を前にして、「さらば空想的平和主義! 中国はこうして抑えよ」『君たち、中国に勝てるのか』『日中もし戦わば』、こうしたタイトルや煽り文句の書籍が書店を賑わしている。日本人の多くが中国を脅威と受け止め、中国による台湾侵略と尖閣への侵攻を「今、そこにある危機」と受け止めている。

より具体的に日本国内での安全保障の議論をフォローしてみると、

「中国は信用できない」

「中国は軍事大国化し、台湾を武力統一しようとしている」

「中国は日本に対して、尖閣諸島への海警局の船舶派遣などで圧力をかけてきている」

「台湾有事は日本有事である」

「日本は台湾有事に対処するため、防衛力を抜本的に強化し、南西諸島の守りを固め、米軍との連携を強化する必要がある」

など、切迫感が伝わるものが多い。「空想的な平和主義」などもってのほかであり、厳しい安全保障環境を直視し、自衛隊の備えを強化し、敵を打ち負かす覚悟で臨まなくてはいけない、そうした声が鳴り響いていて、「平和が大事」「外交で対処すべし」などというと、そんな甘い考えだから日本を守れないのだ、といった罵声《ばせい》が飛んできそうな状況だ。

米国内でも中国脅威論

日本だけではない。アメリカにおいても、中国との戦争を論じた書籍が多く出され、中国との対決姿勢を示すものが増大している。その中でも最新の書籍で、米中関係、とりわけ中国の近未来を展望し二〇二〇年代が最も危険な時代だと警鐘《けいしょう》を鳴らしているのが“Danger Zone:The Coming Conflict with China”(邦題:『デンジャー・ゾーン――迫る中国との衝突』)である。この書物では、中国は大国化したが、高齢化、経済の停滞が予見され、二〇二〇年代が中国の大国化の最盛期であり、その後は国力も弱っていく、したがって、力が強い二〇二〇年代が最も危険な時代だと予言している。その中身を少し詳しく見ていくと、

●今の中国は経済成長を背景に、グローバルパワーとなり、中国自身が国際システムとなる野望を抱いている。軍事力増強は驚くほどのスピードで進み、アメリカ艦船を西太平洋から締め出し、台湾などで中国がフリーハンドを持たんとしている。台湾征服のため、軍改革を行い、核能力の増強を図り、南シナ海をコントロール下に置こうとしている。今、米中両国は衝突のコースにある。習近平は、二〇二一年に「東が昇り、西が衰退していく。アメリカの覇権は終わり、中国の時代が到来した」とまで述べている。

●しかし、中国では人口が減少し始め、国力は「ピーク」を過ぎようとしている。中国

は今やすべての面で状況が悪化してきている。人口減と高齢化、資源不足で資源輸入国となり、環境問題、経済運営体制の硬直化、経済効率よりも政党の支配と安定を優先する姿勢、地政学的に中国に厳しい環境が醸成されるなど、中国に不都合なことが同時に起きてきている。

●日本は防衛費を大幅に増大させ、琉球諸島にミサイルや潜水艦を配備することを計画しており、中国の太平洋へのアクセスを阻止しようとしている。日米同盟も反中姿勢を示している。アメリカの大統領は日米同盟が尖閣諸島をカバーしていると宣言しており、日本は憲法解釈を改め、自衛隊が積極的に米国と共に戦うことを可能にしている。二〇二一年日米両国は、中国の台湾攻撃があれば、緊密に協力すると同意した。

●歴史が示すように、国が台頭している時は戦争をしないものだが、国力が衰退し始め、安全保障環境が悪化し始めると戦いを仕掛けるものであり、人民解放軍についてもそれが当てはまるはずだ。現在の中国は好ましく、限られた軍事的な機会を有している。二〇二〇年代の半ばから終盤までが中国にとり相手を打ち負かす最も良い機会であり、中国国内では、引退した将軍などが今、台湾の武力統一を行うべきだと声高に述べている。

同書の著者（ハル・ブランズ、マイケル・ベックリー）は、中国の発展はピークに達しており、今後は停滞し、厳しい状態となる、このため、二〇二〇年代が台湾の武力統一のため残された最も良い機会だと中国指導者は考えるだろう、と分析している。

また、先に見た通り、アメリカの現役軍人幹部が二〇二七年までに中国の台湾侵攻がありうると述べ、日本においても、明日にも中国の台湾への武力侵攻がありうるかのように警戒感を強める見方が増えてきている。まさに日本でも、アメリカでも、「戦争」が現実の可能性として論じられる時代となってきている。

一貫性を欠くバイデン政権の対中取り組み

バイデン大統領は大統領就任以来、「中国が唯一の競争相手だ」と指摘してきた。また、「中国が台湾を武力侵攻すれば、アメリカは直接、軍事的に関与するか？」と問われ、バイデン大統領は「ＹＥＳ」と明言した。バイデン大統領は二〇二一年から二〇二二年にかけて、四回にわたって、同様の発言を繰り返している。いやしくも大統領の発言であり、一度ならず、二、三度、そして四度目は二〇二二年五月、東京における日米首脳会談直後の共同記者会見の場であった。ついにアメリカは今までのあいまい戦略を放棄したのか、と大きな関心を集めた。しかし、いずれの場合も、ホワイトハウスや国務省が「アメリカの政策に何の変更もない。あいまい戦略は維持されるし、一つの中国を支持し、台湾の独立を支持しない」と何事もなかったように大統領発言を打ち消している。

二〇二二年十一月の米中首脳会談では、バイデン大統領が米中関係について、「競争はするが、対決はしない。中国との衝突を望んでいるわけではない」と述べ、台湾についても「中国が台湾に攻め込むという差し迫った状況にはない」と述べ、米中両国は、米中間の対話を維持することで合意した。どうも肩透かしを食ったような展開である。

そして二〇二三年十一月十五日、再び米中首脳会談が開かれた。一年ぶりの米中首脳会談であったが、双方ともに米中関係を安定化させることが各々の国内事情が求めるところであり、笑顔での握手で始まり、米中の衝突回避をめざすという結論となった。台湾問題では双方が原則論をぶつけあったようだが、習近平主席が二〇二七年とか二〇三五年に中国の台湾侵攻がありうるといった見方があるようだが、そうした計画はない、とわざわざ発言したのは注目すべき点であった。そして、小競り合いが大問題に発展することのないよう、防衛当局間での緊密な連絡体制構築に合意したことが成果だとされた。

この米中首脳会談から見えてくることは、関税の引き下げや半導体の輸出禁止の解除など、中国が切望した経済面での成果は皆無だったが、ウクライナでの戦争やガザでの戦闘が続く中、米中双方が両国関係の安定化を必要としているという一点だった。そして経済面では、習近平主席がテスラのイーロン・マスク氏やアップルのティム・クック氏など民間の経済リーダーとの夕食会に出席し、中国への投資を呼びかけたが、これはまさに今の中国が海外からの投資を必要としていることを切実に物語るエピソードであった。

中国の軍事力強化の実態

中国の軍事力は大変な勢いで強化されてきた。米中の軍事力比較が各種機関でなされている。英国の国際問題戦略研究所が出すミリタリーバランスによれば、二〇二一年の時点で、大陸間弾道ミサイル（ＩＣＢＭ）や弾道ミサイル、原子力潜水艦などの戦略核戦力、および空母や戦闘機の数ではアメリカが優っているとされており、軍事力を総合すると、いまだ米国の優位は保たれているといえよう。しかし、西太平洋における二〇二五年時点の米中戦力予測（米国インド太平洋軍作成）では、近代的戦闘機七・八倍、有人爆撃機四・五倍、空母三倍、近代的多目的戦闘艦艇九倍、近代的潜水艦六・四倍と中国が米国を圧倒している。また、短中距離ミサイルはアメリカが保有していないのに対し、中国は二〇〇〇基保有している。

核戦力では、現在、米国が優位に立っており、核弾頭数で米国は三八〇〇発、うち、配備数は一三八九発、これに対し中国は現在、五〇〇発と見られているが、二〇三五年までに一五〇〇発に増大するとの予測も出されており、将来的には中国が配備された核弾頭数で米国に追いつく可能性がある。

こうした軍事力比較を検討すると、東アジア地域について見れば中国が数的優位に立っているが、アメリカ軍に加え、台湾、そして日本を加えれば相当の軍事力となり、中国に十分に対抗できるとの見方が有力である。

この関係では、元自衛隊最高幹部と元国家安全保障局次長による『君たち、中国に勝てるのか』という、かなりセンセーショナルなタイトルの書物を眺めてみると、

「アメリカと組んで、日本の腰が砕けずにいたら、中国の台湾戦争は抑止できる。もし始まっても勝てると思います。しかし、日本の腰が砕けたら、日米同盟側が負けてしまいます」

「日本政府に『死ぬまで戦う』という胆力があれば、勝つことはないにしても、負けることはないと思います」

「戦わずに勝つ、つまり抑止する。それが一番大事なことです。戦争は敵の指揮官の過信と誤算から始まります。過信と誤算を起こさせないために、日本は本当に戦う気がある

ぞ、強いのだぞと思わさなければならない。日本の本気度を示さなければいけないと思います」

「台湾有事は米軍と共に自衛隊も戦います」

「日本が武力攻撃事態といっても、アメリカが、まだグレーゾーンだと言うと、日本だけが出て行かなければなりません」「もちろん、自衛隊が戦います」

とあり、「腰が砕けず」「死ぬまで戦う、という胆力があれば」と、かなり精神力に頼った議論が交わされていた。

うーん、これでは、まるで太平洋戦争前の日本の中で聞いたようなセリフではないだろうか、と考え込まされてしまった。

日本国内の軍事専門家の見解などを総合すると、「中国の軍事力強化により、今や東アジアにおいては、中国の軍事力がアメリカを凌駕《りようが》している。ただし核戦力やサイバー、宇宙、総合的な戦力は、なおアメリカが優位である。しかし、これらの分野でも中国の戦力強化は目を見張るものがあり、近い将来、中国がアメリカに追いつく可能性がある」といったところが大体の戦力比較であろう。

中国と向き合うための判断基準

この関係で、アメリカの識者が指摘する中国の近未来、すでに国力はピークに達しており、今後、その力は低下していく、との見方が正しいかどうか、二〇二三年に入ってからの中国経済の混迷を見ると、中国ピークアウト論が現実味を帯びてくるが、日本が今後、中国と向き合う際の合理的な判断基準としては、

●中国経済は、土地バブルがはじけ、生産性の伸びが乏しく、成長が鈍化したままの状況が続いていく。

●二〇三〇年代以降については、中国経済の生産性低下、高齢化の進展と人口減少、米中先端技術、半導体分野の対立など複数の要素が絡んでくる。中国が経済成長を続けるためにはイノベーションに富んだ企業の活動が不可欠であるが、共産党体制が安定第一から民中心の経済発展路線に切り替えることができるかどうかが鍵になる。その方向転換は容易なことではなく、中国経済がアメリカを追い抜く可能性は低いが、それでも世界第二の経済大国として大きな影響力は持ち続けるであろう。

●軍事力については、すでに東アジアにおいて艦船や軍用機のアセット（資産）でアメリカを凌駕しており、中距離ミサイルに関しては二〇〇〇基保有し圧倒的優位に立っている。核兵器能力についても今後、相当のスピードでアメリカにキャッチアップしていくと考えられる。また、サイバーや宇宙などの新たな分野でも中国の能力はアメリカに伍

するものとなっていく可能性がある。
●これに対し、アメリカは半導体を含め先端技術分野でメイド・イン・アメリカ政策を推し進めており、人口の一定の増加も見込まれ、経済力は底堅く推移すると考えられる。
●また、アメリカは軍事力の整備も行うであろうが、国家は分断され、防衛面で世界的に深くコミットする姿勢は弱くなり、アメリカが内なる問題により多くの資源を使わざるを得ない状況が継続するのではないか。
といった辺りのシナリオが考えられよう。

台湾有事の可能性はあるのか

そこで、中国の台湾への出方について考えてみよう。中国ピーク論に論拠して、この二〇二〇年代が危ないとする見方や、習近平三期目の終わりの二〇二七年までに武力統一を図るのではないかとする見方などがある。これに対し、習近平主席がバイデン大統領にわざわざ否定してみせたが、私も、合理的に考えれば、中国が焦って武力侵攻することはないと見ている。

台湾への武力侵攻となると、中国とは陸続きではなく、海を渡っての侵略であり、しかも、台湾は一定規模の軍事力を保有しており、ゲリラ戦に向いた国土でもある。その上にアメリカ参戦の可能性があり、国際的には孤立する危険が高く、経済的な悪影響が必至であり、中国にとって合理的な好条件は何ひとつない。中国としては、二〇五〇年を見据え、長い時間をかけて台湾の統一を目指すという合理的な行動をとっていくのではないだろうか。

近い将来に中国の武力侵攻があるとすれば、習近平国家主席が国内で不況の嵐を受け、国家運営に行き詰まり、共産党支配体制が脅かされる、そうした事態に陥った時であろう。あるいは、台湾において、独立派が勢いを増し、台湾独立の機運が大いに高まった時が、もう一つの武力侵攻の可能性であろう。私は二〇二七年、習近平体制の三期目を飾るための侵攻とか、中国ピーク論で焦って武力侵攻するなどの可能性は極めて低いと見ている。

米国自身、台湾をめぐり中国と本格的な戦争に突入するのは絶対に避けたいと考えているはずである。そうした事態になれば、ウクライナ戦争どころではなく、第三次世界大戦の幕開けになる危険があり、米国としてはそうした危険は冒せない。二〇二三年十一月の米中首脳会談を実現させようと積極的に努力したのも米国サイドであったし、そこで合意された主要点は対立回避のための仕組みであった。

台湾としても、独立派が増大してきているとはいえ、台湾の六〇%の人々は現状維持派である。独立に進めば、中国が武力で攻めてくる、と心配する声が圧倒的に多いのが実情である。

中国への抑止力を高めるために

大事なことは、中国に台湾への武力侵攻をさせないことである。そのため、抑止力を高めるのは大事なことである。抑止力を高めるためには、日本自身、一定の防衛力を整備し、日米同盟を確かなものとする不断の努力が必要なことは言うまでもない。

しかし、いたずらに危機感を煽るのは賢明なことではない。台湾有事は日本の有事だ、というのはまったくその通りだが、どうも私は「台湾有事」という言葉に違和感を覚えている。「有事」という時、どのような事態を想定しているのか。実際に台湾で起きることは戦争であり、武力衝突である。それを正しくイメージすれば、「台湾有事になれば、邦人の引き揚げはどうする？　民間航空機では間に合わないかもしれない」といった生やさしい問題ではないことは明らかなはずであり、あまり軽々に台湾有事を論じないでほしいと思うのである。

中国の台湾への武力侵攻をさせないこと、そのためには、中国に対し、武力統一には絶対反対、というメッセージを明確に発信するとともに、中国との対話のチャネルを確保し、信頼醸成を図る努力が米国、日本に求められるわけで、米国は、その動きを開始している。

アーミテッジの驚くべき発言

尖閣諸島に連日のように中国・海警局の船舶が押し寄せてきており、尖閣諸島が中国との関係で大きな脅威に直面していることは間違いない。

尖閣諸島に関しては、米国は日本の領土だと確認はしておらず、日本の統治下にある、というだけの確認にとどまっている。これは領有権で争いがある時には、米国は特定の立場を取らないという伝統的な立場に起因していると説明してきている。しかし、北方領土については、ロシアが実効支配しているにも拘らず、米国は日本の領土だと認めてくれており、米国の立場には、いささか一貫性にかけるものがある。

ここで大事なことは、米国世論を念頭に置き、日本の立場は公正で、正当なものであり、中国が尖閣諸島に対し武力攻撃をしてきた時には日本を守る必要がある、とアメリカ人に思わせることである。残念ながら、中国が尖閣諸島などに武力攻撃をかけてきた時に、米国は日本を守るべきかという問いかけに対し、ＹＥＳという答えは四〇％台にとどまっている（シカゴ・グローバル問題評議会）。ホワイトハウスや国務省だけではなく、議会とその背後にある米国の世論にしっかりと働きかけなくてはならない。

この関連で驚くべきことがあった。二〇一二年、民主党の野田政権が尖閣諸島の国有化を実施したことがあった。この国有化は、石原都知事が日本政府の態度に不満を持っていたことから始まった。石原知事は、日本政府が中国に遠慮し、日本人を尖閣諸島に上陸させないのはけしからん、という強い考え方を持っていた。そこで東京都が民間の土地所有者から尖閣諸島を購入し、その上で、環境の専門家の上陸や航海の安全のための施設を建設するというアイデアが出され、国民からの寄付金も集まっていた。しかし、そうなれば中国と衝突する事態が懸念された。そこで、野田政権は国有化の措置をとり、日本人の上陸は行わないというこれまで通りの対応を確保し、中国との関係を安定化させようと考えたのだった。

ところが中国では、おそらく国有化という言葉に過剰に反応したのだろう、猛烈な反日デモが中国各地で起きたのだった。

驚いたのは、その際のアメリカの反応だった。日本でもお馴染《なじ》みのアーミテッジ元国務副長官が中国を訪問した後、日本にやってきて、私に次のように聞いたのである。

「石原と野田がつるんで日本が尖閣諸島で攻撃的な行動をとった、というのは本当か？」

これには唖然《あぜん》としてしまった。少しでも日本の政治を知っていれば、民主党の野田総理と石原都知事が手を組むなどということがあるはずがない、そんなことは初歩的な政治の知識があればわかるはずである。そこで私から、

「アーミテッジさん、あなたも少しは日本の政治に詳しいはずではないか。野田と石原がつるむ、などということは絶対にあり得ない話だ。そもそも、今回の国有化という措置は、日中関係に配慮して、尖閣諸島には上陸しないというこれまで通りの対応を維持するためのものだ」

「いや、中国は、日本が攻撃的な措置をとったと大騒ぎしていたのだ」

これだから危ないのだ。アメリカ人はお人よしのところもあって、すぐに信じてしまうところがある。そこへ「日本が仕掛けてきた」という中国のナラティブ（物語）、宣伝文句が伝えられ、「そうなのか、日本が仕掛けたのか」とアメリカ人、それも、日本の政治に詳しいはずのアメリカ人が信じてしまう怖さがある。

したがって、尖閣諸島を巡る問題は、国際世論を念頭に置き、アメリカ人の受け止め方も十二分に考慮して対応しなくてはならない。「日本が仕掛けた、だから中国も対応せざるを得ないのだ」と中国が騒ぎ、中国側が尖閣諸島へ上陸した場合、アメリカは中国の説明に影響され、中立的な立場を取りかねない危険がある。

今日、中国は海警局の船舶を尖閣諸島の水域に送ってきている。この海警局というのは

武装警察部隊に編入され、中央軍事委員会の指導を受ける組織であり、日本の海上保安庁とは性格が異なっている。領海侵入を繰り返す中国海警局の船舶、これに対しては海上保安庁の船舶で対抗するのには無理があり、日本も海上自衛隊の船舶で尖閣諸島を守るべきではないか、という指摘が日本の中で聞かれるようになった。

しかし、海上自衛隊を尖閣諸島で前面に出すのは賢明な策ではない。それこそ中国が待ち構えている事態であり、中国は「日本が仕掛けてきた。自分たちも防衛的に人民解放軍の船舶を出さざるを得なくなった」と声高に宣伝するに違いない。こうなると、アメリカからは「本当か？　日本が攻撃的な行動をとったのか？」と聞かれ、いったん、そうしたナラティブがＳＮＳなどで流れると、独り歩きしてしまい、「いや、実態は違うのだ」などと説明しても後の祭りとなる。したがって、ここは厳しくとも、海上保安庁の巡視船に頑張ってもらうしかない。

日本が尖閣諸島支配を世界に示した瞬間

二〇〇四年三月、七人の中国人が尖閣に上陸するという事件が起きた。この時、尖閣諸島の周りには二隻の海上保安庁の巡視船しかおらず、上陸を阻止できなかった。朝の七時ごろに第一報がアジア大洋州局長をしていた私のところに入った。そして官邸に呼ばれ、

「どうするのだ？」と聞かれたので、「違法上陸をしたのだから、逮捕するしかありません」と答えた。すると中国との関係は大丈夫か、と聞かれたので、「まあ、文句は言ってくるでしょうが、きちっと法律に則った対応をする方が、中国との関係でも良いと考えます」と答えたのだった。

結局、七人を逮捕、国外退去処分にしたが、その七人は一度もメディアの前に出てくることはなかった。中国も失敗した、と思ったに違いない。まさに、日本が尖閣諸島を有効に支配していることを世界に示した瞬間であった。

その後、海上保安庁の巡視船は増え、現在は常に七隻が展開していると聞く。もっと増やすべきであり、二〇二三年度において、海上保安庁の予算が補正予算を加えると三二一五億円となり、着実に増大していることはよかった。

ちなみに、私は、中国では対中強硬派として知られているようである。中国からの留学生が「先生って、中国では対中強硬派だって言われていました」と教えてくれたことがあった。その理由の一つが、尖閣上陸の七人を逮捕すべし、と進言したことに由来しているのかもしれないが、そうであれば、喜んでそのレッテルを受け入れたい、と思ったものだった。

習近平の琉球に関する発言

中国との関係では、二〇二三年六月、習近平国家主席が琉球に言及したことが日本の一部、特に保守層で話題になったことがある。中国はついに沖縄にまで触手を伸ばし始めた、という警戒感が生まれた。この習近平発言は人民日報が伝えたものであり、国家文書館を視察した際、習主席は「私が福州で働いていた頃、福州には琉球館と琉球墓があり、琉球との往来の歴史が深いことを知った」と言ったというものだった。琉球館は琉球王国の出先機関であり、中国と冊封関係にあったことを示す意味合いがあるとされている。このため、上記のような警戒感を示す向きがあるが、これを騒ぎ立てるのは極めて愚かなことである。日本側からわざわざ沖縄の地位に関して、日中間で問題があると言っているようなものであり、日本の国益を害するものである。

中国側からすれば、日本が台湾問題に干渉するのなら沖縄問題を蒸し返してもいいぞ、くらいの意味が込められているのかもしれないが、中国は各国の主権と領土保全の尊重、内政不干渉を大原則としており、主権が確定している沖縄について、中国が干渉してくることはあり得ない。沖縄に関して日本政府が考慮すべきは、普天間基地移設問題などで沖縄の人々をあたかも敵対視するような態度を絶対に取らないことである。沖縄については、一八七九年、琉球処分の名の下《もと》に沖縄県として編入した経緯があるが、それ以降、沖縄の地位が問題にされたことはなく、明確に日本の主権下にあるわけであり、習主席が琉球に言及した、と言って大騒ぎすることがあってはならない。

東シナ海に関する日中間の二〇〇八年合意

「国家防衛戦略」において、「中国は東シナ海、南シナ海において、力による一方的な現状変更やその試みを推し進めている」との記述があるが、実は日中間には、二〇〇八年五月に発表された日中共同声明において、「共に努力して東シナ海を平和・協力・友好の海」にする、という申し合わせがある。その申し合わせの第一歩が「二〇〇八年東シナ海油ガス田共同開発合意」である。

この合意は、二〇〇七年十二月の福田総理中国訪問を契機に日中間で話し合い、まとめられたものである。ひとことで言えば、東シナ海を日中の中間線で二つに分ける意味を持つ合意である。中国は、南シナ海では全ての海が中国の海だと主張し、フィリピンやベトナムと争っているが、東シナ海では日中両国が中間線をベースに棲み分けを行い、平和共存しようというのである。まったく南シナ海とは違う対応を中国はとっているのだ。

この二〇〇八年合意に至る経緯を見ていこう。

二〇〇三年ごろに行われた日中海洋協議の場では、中国は沖縄トラフまでが中国の海だと主張していた。これは、大陸棚が延びていれば、大陸側の国は三五〇カイリまでを自国の排他的経済水域として主張できるとの国連海洋法条約の規定を援用し、海が深くなる沖縄トラフまでが大陸棚であり、中国の海だと主張していたのである。

これに対し日本側は、国連海洋法条約では、二カ国が向かい合っている場合は、話し合って決めるべきことが定められており、その際、中間線をベースに水域を確定するのが国際的な相場感だと主張し、真っ向から対立していた。こうした違いのため、日中間の海洋協議では、水域をめぐる話し合いは全く進展しなかった。

ところが、二〇〇七年九月に誕生した福田康夫政権は、中国との関係改善を図る姿勢を示し、中国の胡錦濤《こきんとう》政権もこれに応じて日本との関係改善に意欲を示した。そして海洋協議も新たな展開を迎えることになった。二〇〇七年十二月、福田総理が訪中し、胡錦濤国家主席及び温家宝《おんかほう》国務院総理と会談し、日中両国の戦略的互恵関係を具体化していくことで合意した。その一環として、東シナ海問題について、次官級協議を行い、早期解決を図ることが申し合わされたのだった。

二〇〇八年五月には胡錦濤国家主席の国賓《こくひん》としての訪日があり、その際に発出された「戦略的互恵関係の包括的推進に関する日中共同声明」において、「共に努力して、東シナ

図表7-1　東シナ海に関する2008年日中共同開発合意

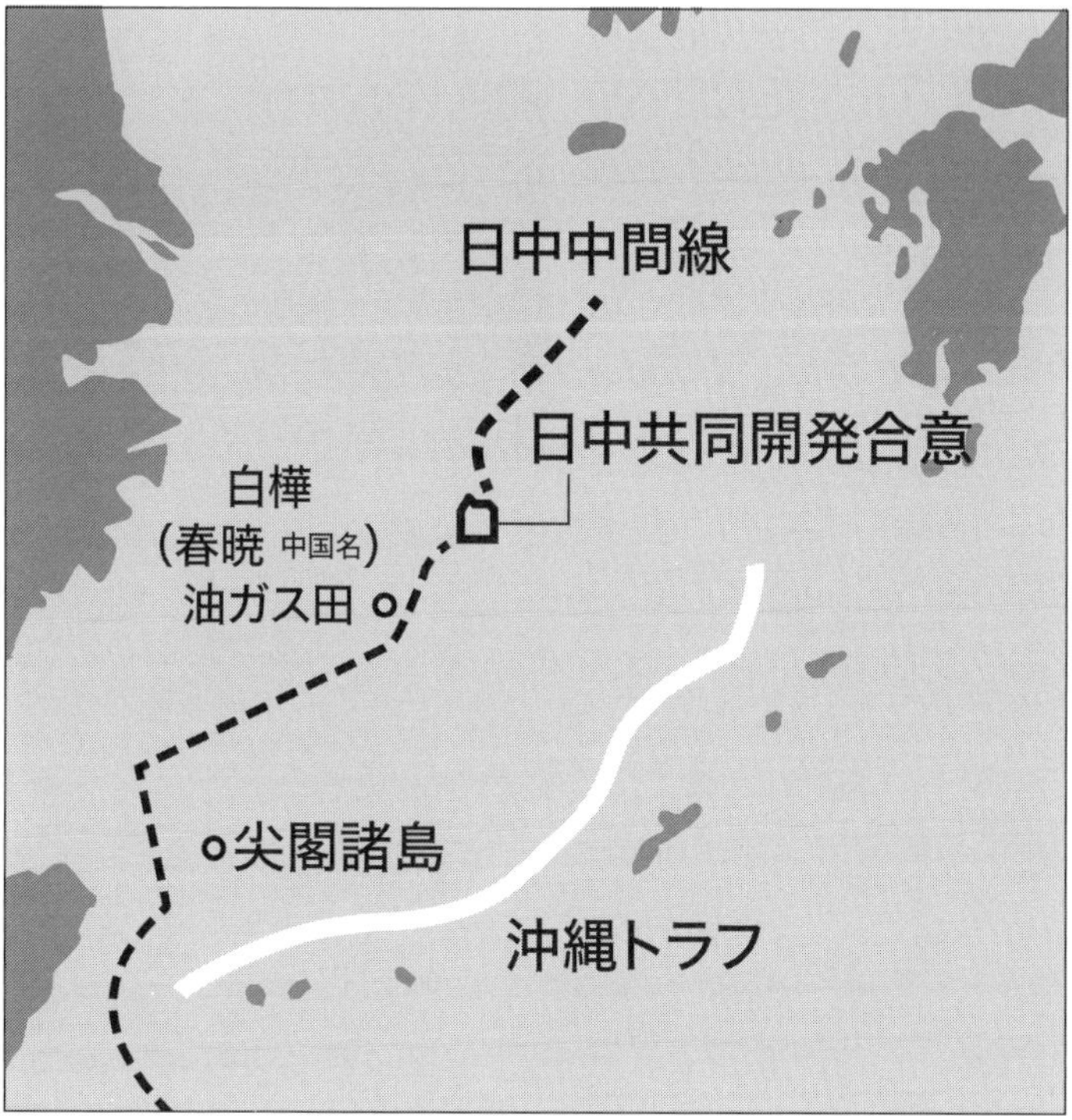

2008年5月の日中首脳会談。
左：胡錦濤国家主席　右：福田康夫首相

海を平和・協力・友好の海とする」と明記され、日中協力の推進が軌道に乗り始めた。こうした首脳間の合意を基にして、二〇〇八年六月、日中間で次官級協議がもたれ、東シナ海油ガス田共同開発の合意が達成されたのだった。

この合意の肝は、共同開発を行う水域が確定され、その水域の中を日中中間線が走っている、という点である。

すなわち、この合意は日本と中国が東シナ海において、中間線を念頭に置いた形で水域を確定することを意味しており、まさに日本が主張してきた中間線での水域確定が、事実上、実現した瞬間であった。私はこの交渉を王毅《おうき》外務次官と行ってきていたが、日本側のメンバーである、当時の秋葉剛男中国課長（現国家安全保障局長）や望月晴文資源エネルギー庁長官と熱く握手したものだった。

もちろん、東シナ海には尖閣諸島があり、この合意で東シナ海の全ての問題が解決するわけではないが、日中両国首脳が東シナ海を平和・協力・友好の海とすることで合意しており、日本と中国との間で東シナ海を巡って平和的に問題を解決し、協力していこうとする雰囲気が醸成されたことは間違いなかった。

中国漁船衝突事件による大打撃

ところが、この二〇〇八年東シナ海油ガス田共同開発合意（以下「二〇〇八年合意」）について横槍が入ってしまった。中国国内からのもので、「なぜ、日本にそんなに譲歩したのか？」とする対日強硬派からの批判であった。このような批判を受けて、中国外交部は、「合意は確認する、しかし、その合意を条約に移し替える作業を少し待ってほしい」と伝えてきたのだった。私は、この動きにいささか不安を感じたが、やむをえず、中国側の国内調整を待つことにしたのだった。

そして二年の月日が流れたが、二〇一〇年九月、ようやく「二〇〇八年合意」について条約交渉が行われようとしていた時、尖閣諸島中国漁船衝突事件が起きてしまった。これは、二〇一〇年九月七日、尖閣諸島付近の海域をパトロールしていた海上保安庁巡視船に対し、中国漁船が衝突してきた事件だった。その模様を生々しく伝える映像がYouTubeにアップロードされ、広く日本国民が見ることになったが、私は、この中国漁船衝突事件を見て、中国の保守派が「二〇〇八年合意」を潰しにきたなと感じたのだった。

この中国漁船衝突事件は、漁船の船長逮捕、船長逮捕に対する中国側の釈放要求、処分

沖縄・尖閣諸島沖で海上保安庁巡視船に中国漁船が衝突する状況を記録した映像（国会に提出された動画より）

保留での船長釈放と続いたが、この間、日中間を巡る雰囲気が悪化し、「二〇〇八年合意」に関する条約交渉は吹っ飛んでしまったのだった。この時、私は外務省を退官した直後だったが、「二〇〇八年合意」の条約化が達成できなかったことは残念でならなかった。

その後、日中関係は極めて厳しい時代を迎えていった。

二〇一二年、先述した通り、当時の野田政権が尖閣諸島の国有化をした時、中国側が猛反発し、反日デモが中国各地で繰り広げられる事態となった。二〇一三年には「中国大国の夢」を語る習近平体制が発足した。そして日本側の安倍総理との間では睨み合いが続き、「二〇〇八年合意」は露と消えたかと地団駄を踏む思いだった。

二〇一七年、まさかの復活

ところが奇跡が起こった。二〇一七年十一月、ベトナム・ダナンで行われた安倍総理と習近平国家主席の日中首脳会談において、「二〇〇八年合意」が蘇ったのである。この日中首脳会談において、東シナ海を「平和・協力・友好の海」とすべく、引き続き意思疎通していくことで一致し、「二〇〇八年合意」を堅持し、同合意の実施の具体的進展を得るよう、引き続き共に協力していくことが申し合わされた。

習近平国家主席が「二〇〇八年合意」を再確認したことに私は驚きを禁じ得なかった。中国の保守派から日本に譲りすぎたとして批判があった「二〇〇八年合意」、しかも胡錦濤政権時代の合意であり、大国主義を前面に押し出す習近平政権がこの「二〇〇八年合意」を否定こそすれ、肯定することはないだろうと見るのが自然だった。しかも、「明の時代から南シナ海は中国の海だった」としてフィリピンやベトナムなどの主張を退け、国際ルールを無視してきた政権である。その習近平政権が「二〇〇八年合意」を再確認したのだ。

この展開は驚きであり、安倍政権の大きな外交上の成果であった。習近平国家主席と安倍総理との関係はかつて、相当にギクシャクしたものであり、二〇一四年、ＡＰＥＣ首脳会議の際に短時間会談した時などは両者に一切笑顔が無く、国際的にも話題になったほどだった。その二人が二〇一七年、笑顔で固く握手したのである。

この変化の背景には中国とアメリカ・トランプ政権との厳しい対立があり、日本を少しでも中国側に引き込もうとする思惑があったはずだが、同時に、安倍総理の力を再評価したことも大きかったのではないかと思われる。

続いて二〇一八年、二〇一九年と安倍・習近平会談が行われ、その都度、「二〇〇八年合意」の再確認が行われたのだった。二〇二〇年には安倍総理の招待により、習近平国家主席の訪日が行われるはずだったが、新型コロナウイルス感染症の流行で訪日が延期されてしまった。このため、「二〇〇八年合意」に関して具体的進展は未だ見られていないが、「二〇〇八年合意」が再確認された事実は厳然として残ったままである。

ところで、この「二〇〇八年合意」の再確認について、日本国内での反応は皆無に等しい。中国では、日本に極めて有利な合意だとして強い反発があった合意である。そうした合意が実現する可能性がめぐってきたにもかかわらず、日本での反応は皆無と言っていいほど乏しい。東シナ海について論議する学者や専門家の間からも、この「二〇〇八年合意」はスルーされてしまっている。一体、これはどうしたことかと不思議でならない。日本政府の説明不足なのかと思い、二〇一七年日中首脳会談に関する外務省の発表文を見る

と、

●安倍総理から、東シナ海の安定なくして日中関係の真の改善はない旨が述べられ、両首脳は、東シナ海を「平和・協力・友好の海」とすべく、引き続き意思疎通していくことで一致した。

●両首脳は、防衛当局間の「海空連絡メカニズム」を早期に運用開始するため、協議を加速化していくことでも改めて一致した。

2017年11月の日中首脳会談。
左：安倍晋三首相　右：習近平国家主席

また、東シナ海資源開発に関する「二〇〇八年合意」を堅持し、同合意の実施の具体的進展を得るよう、引き続き共に努力していくことで一致した。

と一応は「二〇〇八年合意」に言及しているが、この説明文だけでは、一体、この「二〇〇八年合意」の意味合いがどういったものなのか、判然としないのかもしれない。二〇一七年、ベトナムのダナンで開かれた日中首脳会談を伝える報道を見てみると、日本経済新聞は「安倍・習氏、初めての笑顔」の見出しの下で

「日中関係改善の意思を確認」とあるだけであり、「二〇〇八年合意」への具体的な言及はなく、各紙も概ね同様の報道ぶりだった。

その一方で、東シナ海のガス田に関して、「中国、東シナ海ガス田で新たな試掘着手か」という見出しで「中国が東シナ海で一方的にガス田開発を行っている疑いがある」と大きく報じる記事もあった（二〇一八年十一月三十日付産経新聞）。この報道にあるガス田の開発は、東シナ海の中間線の西側にあるものであり、「二〇〇八年合意」においても対象としていない水域にあるガス田である。メディアの報道ぶりというのは、問題があれば大きく報じるが、良いニュースはあまり報じないという傾向にあるのかもしれないが、こと、この「二〇〇八年合意」に関しては、いささかバランスを失していると言わざるをえない。

中国が重視する四つの基本文書

大事なことは、せっかく安倍・習近平会談で約十年ぶりに再確認された「二〇〇八年合意」について、その機会を逃さず、条約として確定することである。それにより、東シナ海において、事実上、日本が主張する中間線をベースにして水域が確定されることになる。

なぜそうした簡単なことが理解されないのだろうか、と考えると、日本側では、中国と共同開発をするというアイデアに嫌悪感、あるいはそこまでいかなくとも、疑念があるのかもしれない。確かに、中国を信用できないという日本国内の世論があり、「油ガス田の日中共同開発」というアイデアにしっくりこない人が多いのは容易に推察されるところである。また、日本と中国が協力することへの反発があるのかもしれない。

しかし中国は、文書で確定したものは重視する傾向にある。日中首脳会談が開かれるたびに、中国側が必ずと言っていいほど言及するのが「日中間には四つの基本文書があり、日中間の政治的基礎である」ということである。これは、一九七二年の日中共同声明、一九七八年の日中平和友好条約、一九九八年の日中共同宣言と二〇〇八年の「戦略的互恵関係」の包括的推進に関する日中共同声明である。この二〇〇八年日中共同声明において、「東シナ海を平和・友好・協力の海とする」と記されている。

また、「二〇〇八年合意」の交渉の過程で、中間線より四キロ西にある白樺《しらかば》油ガス田について議論が交わされたことがあった。中国側は、白樺油ガス田が日本側の主張する中間線よりも西側にあるのだから、日本とは関係ないはずだと主張したが、日本側が海底で繋がっているかもしれず、中国が一方的に開発すれば日本の権益が害されることになると主張し、結局、中国の国内法に基づき開発されるが、日本企業が開発に参加すると合意した経緯がある。この白樺油ガス田は中国が長年、米国企業と探査してきたものであり、いつでも開発が行える状況にあった。その後、白樺油ガス田で煙が出ているのが発見され、日本側が問題を提起すると、「メンテナンスをしているだけであり、開発はしていない」と中国側から回答があった。その後今日まで、白樺油ガス田は開発されておらず、中国側は「二〇〇八年合意」を遵守してきている。

岸田政権が、この「二〇〇八年合意」の実現に向けていかなる取り組みをしようとしているのか、判然としない。「二〇〇八年合意」を習近平国家主席が再確認したわけであり、日本にとって大きなチャンスである。このチャンスをなんとしても摑み取ることが日本の国益であり、東シナ海を平和な海にする確実な方途である。これを軍事力で達成しようとすれば、空母が二隻あっても不十分であり、現実には無理な話である。

中国との向き合い方

このように具体的に見てくると、「国家防衛戦略」において記された「中国は東シナ海において、力による一方的な現状変更やその試みを推し進めている」との認識があやしくなってくる。また、中国が日本に侵攻してくるというシナリオを日本政府が本当に考えているのだろうか。

一つひとつ、具体的に危機的とされるシナリオを示してもらいたいものだと思う。それが尖閣諸島に関するものなのか、東シナ海全般に関するものなのか、あるいは台湾に関するものなのか、その各々について、危機的シナリオと対処方針を議論すべきである。そうではなく、漠然と、中国の軍事力強化と高圧的な姿勢が問題だ、というのであれば、あまりに粗雑であり、責任ある取り組みとは言えないと考えるがいかがなものであろうか。

このように議論を進めると、「甘い、甘すぎて話にならない」という反論が返ってきそうである。そして、「中国と向き合うには、ほぼ同等の軍事力を持たないといけない、そうしないと相手は舐めてかかってくるのだ」といった主張が聞こえてきそうである。現にそうした主張が識者とされる人たちの間から出されていて、啞然としたことがある。

私も、日本が一定の防衛力を整備・強化することには賛成である。しかし、日本が中国と同等の軍事力を持たなければ相手は舐めてかかってくる、といった考え方にはどうしても賛成できない。そして「二〇〇八年合意」は日本の従来の防衛力のもとで達成されたものである。

岸田政権は、中国との向き合い方として、主張すべきは主張しつつ、建設的かつ安定的な関係を構築していくとしている。その姿勢は日本が議長国としてまとめ上げた二〇二三年五月のG7サミット共同宣言でも明確に示されている。そうであれば、もっと堂々と中国と向き合い、日本が平和攻勢をかけるべきだと考えるが、この点については第八章であらためて考察することとしたい。

北朝鮮の核・ミサイル開発と日本

三度の危機

日本の安全保障の観点で、北朝鮮の核・ミサイル開発が脅威であることは間違いない。この北朝鮮の核・ミサイル開発に対して、日本がいかに向き合い、対応をしてきたかを検証してみたい。

これまで、北朝鮮の核・ミサイル開発に対して、国際社会は三度にわたり向き合ってきた。第一次危機は一九九四年のことであり、アメリカのクリントン政権が北朝鮮の核開発を疑い、寧辺《ニョンビョン》の核施設をミサイル攻撃する直前まで行った。しかし、そうなればソウルが火の海になる危険を韓国が憂慮し、アメリカに思いとどまるように要請、そうするうちにカーター元大統領が北朝鮮を電撃訪問し、ミサイル攻撃の危機が回避された。そして米朝二国間協議が開かれ、北朝鮮の核開発の凍結と北朝鮮への軽水炉供与、および重油の提供という枠組みが合意された。

この時、日本と韓国は米朝協議の枠外にあり、日本の担当官などは米朝協議が開かれたジュネーブのホテルの廊下で様子を見守ったそうである。しかし、日本と韓国にツケは回ってきた。アメリカが供与を約束した軽水炉について、日本と韓国に建設費を負担するよう求めてきた。具体的には、韓国の電力公社が建設を行い、日本も一〇億ドルの資金負担をすることを求められた。その際のアメリカの言い分は、「この米朝合意は日本の安全保障に資するものだ」であった。そう言われれば仕方なく、日本は一〇億ドルの負担を引き受けたのだった。

第二次危機は二〇〇二年に起きた。二〇〇二年九月の小泉首相訪朝の直後、アメリカのジム・ケリー特使が訪朝し、北朝鮮が秘密裏に濃縮ウラン開発を行っているとの疑惑を突きつけた。アメリカがこの疑惑を強くしたのは、北朝鮮が大量のアルミニウムを輸入していたためであった。北朝鮮はアルミニウムを濃縮ウラン開発のための遠心分離機に用いているのではと推測したのである。ケリー特使と姜錫柱《カンソクチユ》次官との間で厳しいやりとりがあったようだが、そこで北朝鮮側が実質的に濃縮ウラン開発を行っていることを認めたのだった。

二〇〇三年一月、北朝鮮の核開発をめぐる情勢が一気に緊迫した。アメリカは重油の提供を中断し、軽水炉の建設も停止された。これに対し、北朝鮮は核不拡散条約からの離脱と核兵器開発を断行する姿勢を示し、使用済燃料の再処理に踏み切る構えを見せたのだ。一月、早々にワシントンで日米韓三カ国の協議が開催されることになり、アジア大洋州局長になったばかりの私もワシントンに急行した。この協議において、北朝鮮の核保有は絶対に認められないことであり、この問題の解決は国際的な取り組みで対処していくということが申し合わされたが、これはクリントン政権下で行われた米朝二国間協議のアプローチからの決別であり、ブッシュ政権は日本や韓国と共に対北朝鮮政策に取り組む姿勢を明確にしたのだった。

六者協議と拉致問題

二〇〇三年二月にはコリン・パウエル国務長官が来日し、川口順子外務大臣との間で協議が持たれたが、私はケリー国務次官補と具体的な進め方を話し合い、日米韓三カ国に加え、中国、場合によってはロシアも含めて北朝鮮との協議を行うこと、その際、中国に当事者意識を持たせ、北朝鮮への核廃棄に向けた働きかけを行わせるため、中国に会議をホストさせてはどうか、という試案をメモにしてぶつけてみた。ケリー国務次官補はそれに同調し、中国に向かう機内でパウエル国務長官にその試案を見せたそうであり、パウエル国務長官が中国へ働きかけるベースとなったとのことだった。

中国は当時、そうした国際会議を主催することには慣れておらず、また、北朝鮮問題はアメリカが直接、二国間で北朝鮮と話し合うべき問題だ、という考え方を持っていた。このため、中国が北朝鮮の核問題に関する国際会議をホストすることには否定的だった。しかし、アメリカのブッシュ政権が米朝二国間協議には絶対反対という強い姿勢を示したため、重い腰を上げ、北朝鮮への働きかけを開始したのだった。

それでも北朝鮮への働きかけは容易には進まなかった。中国からの打診に対し、北朝鮮は六者協議などへの参加は頑として拒否し、話し合うのならばアメリカとだけだという姿勢を崩さなかった。米朝二国間協議を否定し、六者協議といった多数国間協議の開催を求めるアメリカと、あくまで米朝二国間協議を求める北朝鮮との板挟みのなかで中国が考え出したのが米朝中三カ国協議のアイデアだった。これであれば、アメリカに対しては、中国が入るので、米朝二国間、つまりバイの協議ではないと言い繕い、北朝鮮に対しては、中国は場を貸すだけのことであり、実質は米朝二国間協議だと説明する、いわば苦し紛れのアイデアだった。

二〇〇三年四月にこの米朝中三カ国協議が北京で開催されることになったが、ケリー次官補は私に対し、あくまで六者協議が本筋であり、この三カ国協議は六者協議の準備会合であり、一度だけの会合だ、と断りを入れてきた。

しかし、こんな二枚舌外交が成功するはずもなかった。北京での会合が始まったはずの日の午前中にケリーさんから私に電話が入り、「今、マルチの多数国間会合でもなく、バイの二国間会合でもない、自分一人のユニラテラル会合をしているところだ」と苦笑まじりに連絡してきた。聞けば、北朝鮮は米朝二国間協議ではないことに怒り出し、席を立ったとのことだった。

結局、中国は金正日《キムジョンイル》国防委員長とも旧知の大物外交官、戴秉国《たいへいこく》副部長を平壌《ピョンヤン》に派遣し、北朝鮮の説得にかかり、ようやくのことで、二〇〇三年八月に北京で北朝鮮の核開発問題に関する六者協議がスタートしたのだった。

この第一回六者協議の開催に当たって、一波乱あった。それは各国の冒頭発言において、日本が拉致問題を提起することを巡ってのことだった。何しろ、日本からは二〇〇名近いメディアの人々が押しかけたが、その関心事は、日本代表の私が冒頭発言において拉致問題の解決に言及するか否かであった。六者協議は北朝鮮の核問題を話し合う場であるが、日本のプレスはそんなことにはお構いなく、ひたすら、拉致問題だった。

韓国の代表からは、自分たちも大勢の韓国人が北朝鮮に拉致されている、しかし、ここは核問題を話し合う場だ、だから韓国はそうした拉致問題を取り上げないし、日本も核問題に集中すべきではないか、とまことに理にかなった話をされてしまった。そして、「日本は核問題をあまり重視していないのか？」とまで言われる始末だった。

中国の代表であり、六者協議の議長である王毅代表からは、「中国が北朝鮮をこのテーブルに連れてくるのにどれだけ苦労したか、察してくれ。日本が拉致問題を取り上げれば、間違いなく北朝鮮は席を立って帰ってしまう、そうなれば今までの苦労が水の泡になる」と強烈な申し入れがあった。

そもそも私は中国に議長役をやらせようと発案した張本人であり、嫌がる北朝鮮を引っ張ってくるために随分と中国が苦労したことは承知していたから、王毅さんの申し入れは十分すぎるくらいに理解できた。そして、中国や韓国の代表から、「日本にとって、核問題より拉致問題の方が重要なのか？」「日本はあまり核の脅威を真剣には受け止めていないのか？」と問いかけられ、正直、困ったものだった。

しかし、なんとしても拉致問題を冒頭発言で触れないわけにはいかない。もし、私が拉致問題に言及しなかったなら、日本国内で大バッシングを受け、非難の嵐が吹き荒れることは目に見えていた。そこで、かなり苦し紛れだったが、一つのロジックを編み出し、中・韓への説得を試みることにした。ちなみに、アメリカは日本が拉致問題を取り上げることに賛成してくれており、ロシアは様子見の状況だった。

そこでのロジックというのは次のようなものだった。すなわち、北朝鮮が核放棄するには二つの要因が不可欠だ。一つはアメリカによる安全保障の約束、つまり、アメリカが北朝鮮を攻撃しないという確約であり、もう一つは経済協力である。経済協力となると、日本は大きな負担をする用意がある。しかし、そのためには拉致問題の解決が不可欠である。したがって、日本が北朝鮮の核放棄を迫るなかで、拉致問題の解決を求めるのは極めて理にかなったことなのだ、というものだった。

果たして、このロジックがどこまで通用したかは自信がなかったが、何度も繰り返し主張すると、王毅さんも、ついには、「わかった、薮中さん。でも小さな声で言ってくれ」と言ってくれたのだった。

二〇〇三年の段階で、日本が北朝鮮の核開発にどの程度の脅威を抱いていたか、少なくとも日本の世論やマスコミは、拉致問題が圧倒的に一番の関心事であり、核問題の脅威をどこまで深刻に受け止めていたかは疑問だった。

北朝鮮、核兵器廃棄の意思表示を行う

二〇〇三年から始まった六者協議は二〇〇五年九月に大きな山場に差し掛かった。北朝鮮が全ての核兵器と既存の核計画の放棄を行うことを意思表明した。これと引き換えにア

メリカは北朝鮮を攻撃する意思はないと述べ、各国は北朝鮮への経済協力を約束したのだった。

この二〇〇五年九月合意に至る経緯として、日本の果たした役割があった。二〇〇四年五月、小泉首相が二回目の訪朝を行ったが、その際、小泉首相と金正日国防委員長の間で次のようなやりとりがあった。

（小泉首相）「（核兵器を）持つことと、持たないこと、どちらが有利と考えるか？」

（金国防委員長）「わかっている。（核兵器は）無用の長物だ、しかし、アメリカが自分たちを敵視しているから、持たざるを得ないのだ」

（小泉首相）「アメリカは敵視などしていないよ」

（金国防委員長）「いや、敵視している。悪の枢軸などと言っているではないか」

その後、小泉首相が訪米し、その結果を北朝鮮にも伝えるなどさまざまなやりとりがあり、そうした日本の努力が北朝鮮の核放棄決断に一役かったと私は思っている。

ところが、不幸なことが起きてしまった。アメリカの財務省がかねてから北朝鮮のマネー・ロンダリング疑惑を調査してきていたが、六者協議において核廃棄の合意に達したのと同じ月の二〇〇五年九月、マカオのバンコ・デルタ・アジアに北朝鮮の口座があることを突き止め、二五〇〇万ドルの口座が凍結されてしまった。おそらく、これで金正日国防委員長は「騙《だま》された。やはりアメリカは自分を敵視している」と思ったに違いない。そして、北朝鮮は、二〇〇六年十月に第一回の核実験を決行したのだった。六者協議が失敗に終わった決定的瞬間だった。

クリストファー・ヒル元国務次官補

二〇一七年十月、立命館大学でアメリカの六者協議代表だったクリストファー・ヒル元国務次官補と私が参加するシンポジウムがあった。そこで私から「あのマカオの口座凍結が六者協議の成果を台無しにし、北朝鮮の核実験につながったのではないか」と問い詰めると、ヒル元国務次官補は「そんなことはないと思う。わずか二五〇〇万ドルの口座なのだから」と答える一幕があった。しかし、問題は金額の多寡《たか》ではなく、「騙された」という金正日の受け止め方だったと私は思っている。

第三回目の核危機は二〇一七年に起きた。金正恩《ジョンウン》委員長率いる北朝鮮が度重なる核実験とＩＣＢＭ発射実験を行い、これに対し、トランプ大統領が「北朝鮮を破壊することができる」と述べ、緊張が極度に高まった。

しかし、この危機は翌二〇一八年、シンガポールでの米朝首脳会談であっけなく回避された。この「歴史的会談」の中核的なやりとりは、トランプ大統領が北朝鮮に対しＩＣＢＭのテストはするな、ＩＣＢＭテストをしなければ、（金正恩の）首をとりに行くことはないと迫り、金正恩委員長がこれに応じたことにある、と私はみている。北朝鮮がさらなるＩＣＢＭのテストをしない限り、アメリカ本土が北朝鮮の核・ミサイルに脅かされることはない、というのがポイントであった。トランプ自身、北朝鮮の核開発問題をさほど深刻には受け止めておらず、核廃棄に向けての作業には熱心ではなかった。北朝鮮がこれ以上ＩＣＢＭテストをしなければ、アメリカは安全であり、それで十分だった。それが証拠に「歴史的会談」の翌日、トランプ大統領は「これでよく眠ることができる」とツイートしていた。

熱意のない米国、核武装論が起こる韓国

その後、二〇二三年になっても、北朝鮮はミサイル発射を何度となく繰り返しており、日本はそのたびに警戒警報を出す始末である。ミサイルが北海道方向に向かっているとして、北海道の各地に「できれば地下の施設に避難してください」といったＪアラートを出す事態が続いている。さて、この北朝鮮の核・ミサイル問題が、日本にとってどの程度の安全保障上の脅威であろうか？

今日、北朝鮮の核・ミサイル問題の厄介な点は、アメリカ・バイデン政権において、北朝鮮問題の優先度が低く、北朝鮮のミサイル発射をさほど重視していないことである。北朝鮮もアメリカを本気で怒らすことには慎重であり、ＩＣＢＭ級のミサイル発射を行っても、通常より高く打ち上げるロフテッド軌道での発射を行い、アメリカもあえて、これを重視しない姿勢を示してきている。

アメリカとは対照的に韓国の尹政権は北朝鮮の核・ミサイル開発を深刻な脅威と捉え、厳しい対処姿勢を示している。米韓軍事演習の実施に加え、アメリカの原子力潜水艦の寄港を求めており、アメリカに対し核兵器の韓国への持ち込みまで提案したようである。アメリカは核兵器の海外への持ち込みを行う考えはなく、韓国に対しては拡大抑止の有効性を強調し、心配するな、というメッセージを送っている。その韓国国内では、北朝鮮がこのまま核開発を続けるのであれば、韓国自身が核開発に踏み切るべきだ、という世論が高まっている。

バイデン政権の北朝鮮政策に関し、優先度が低いという指摘に疑問を持たれる向きがあるかもしれない。バイデン政権は日米韓三カ国の連携を強化しており、とりわけ韓国との間では、軍事演習を強化し、戦略原子力潜水艦の釜山《プサン》への寄港など極めて厳しく対応している、北朝鮮政策に関し優先度が低いということは決してなく、むしろトランプ政権よりも真剣に北朝鮮問題に向き合っているのではないか、そうした指摘もありうるかもしれない。

そしてバイデン大統領が主導する形で、二〇二三年八月、日米韓三カ国の首脳会談がキャンプデービッドで開かれた。主題は北朝鮮の核・ミサイル開発であり、バイデン大統領が北朝鮮問題に積極的に取り組もうとしているようにも解釈できよう。しかし、この日米韓三カ国の首脳会談で見えてきた方向性は、北朝鮮には軍事的に厳しく当たるという姿勢であり、それは韓国の尹大統領の基本的な考え方でもある。アメリカでは、国防総省主導の対応であり、軍は軍独自の思考に従い、米韓合同軍事演習も強化する傾向にある。

しかしながら私が問題視するのは、バイデン政権が本格的に北朝鮮と向き合い、北朝鮮の核廃棄に向けて外交活動を活発化させるエネルギーが欠如しているという点である。バイデン政権で北朝鮮の核問題を担当するのはソン・キム大使である。ソン・キム氏は韓国に旧知が多く北朝鮮問題の専門家ではあるが、ワシントンでの政治力は強くなく、また、最近まで駐インドネシア大使を兼務したまま北朝鮮問題を担当していた。これではバイデン政権が北朝鮮の核廃棄に向けて本格的な外交交渉を行おうとしている体制には見えなかった。そして何より、バイデン政権が北朝鮮の核廃棄に向けて具体的な戦略を持ち合わせておらず、何ら核廃棄交渉が前に進まないという現実がある。

このまま推移すると、米韓両国の軍事対決路線と北朝鮮の核・ミサイル開発路線が対峙し、衝突する危険すら排除できない。そうした事態になれば、日本の安全保障にとって重大な危険をもたらすことになる。

二〇一九年、核問題解決の可能性があった

北朝鮮の非核化に向けた取り組みについては、日本が具体的なイニシアティブを取る必要がある。北朝鮮がICBMテストを本格的に行わなくとも、日本はすでに北朝鮮が二〇〇発以上保有するとみられるノドンミサイルなどの射程圏に入っており、日本とアメリカとの脅威度は異なるという厳しい現実がある。日本は北朝鮮の非核化実現のため、アメリカへの働きかけに加え、中国も巻き込み、具体的なロードマップを描く必要がある。

その際、二〇一九年二月、ハノイで開かれた第二回米朝首脳会談において北朝鮮が米側に示した具体案、すなわち、寧辺の核施設の全てを交渉のテーブルにおく、というのは核交渉の土台になりうるものだと私は思っている。当時は、残念ながらトランプ大統領の心はハノイになく、関心はワシントンの議会公聴会の行方に集中していたため、まともな交渉が行われなかった。米朝首脳会談の決裂は、北朝鮮側にとっては極めて不満足なものだったと思われる。

会談が不合意に終わった日の深夜、李容浩《リヨンホ》外務大臣が異例の記者会見をし、「われわれは去年六月、シンガポールで行った一回目の朝米首脳会談で達成した共通認識、信頼醸成と段階的解決の原則に従って、今回の会談で現実的な提案を行った。アメリカが国連制裁の一部、すなわち民需経済と人民生活に支障を来す項目の制裁を解除すれば、われわれは、寧辺のプルトニウムとウランを含んだすべての核物質生産施設を、アメリカの専門家の立ち会いのもとで、永久的に完全に廃棄すると提案した。われわれが要求したのは、全面的な制裁解除でなく、一部の解除、具体的には国連の制裁決議、合わせて一一件のうち、二〇一六年から一七年までに採択された五件、その中で民需経済と人民生活に支障を来す項目だけをまず解除せよということだった」と述べた。

私は、この米朝首脳会談の準備責任者だったビーガン特別代表と話す機会があり、なぜあの北朝鮮の提案、すなわち、寧辺の施設の廃棄提案に乗らなかったのかと質《ただ》したが、ビーガン代表は、北朝鮮がすべての制裁解除を求めたため、交渉が前進しなかったのだというばかりだった。北朝鮮がすべての制裁解除を求めたというのは、交渉の打ち出しとして、腹一杯の要求をしたといった程度のものであったはずである。

金正恩委員長としては、ハノイの展開は全く想定外だったと思われる。思い切って「寧辺の核施設廃棄」提案を行ったにもかかわらず、アメリカが全く交渉に乗ってこなかった。わざわざ片道七十時間もかけてハノイにやってきた苦労も水の泡、なぜだ、という思いを抱え、怒りに震えた帰国だったに違いない。このため、ハノイ会談を準備した李容浩外務大臣は解任され、安否も不明のままであり、その後、処刑されたとの報道もあった。

北朝鮮がハノイで提示した寧辺の核施設廃棄の提案が現在も生きているかどうか、全く不明であり、容易なことではないのは明らかだが、今後の北朝鮮との核交渉でハノイ提案を追求してみる価値はある。いずれにせよ、日本として、北朝鮮の核・ミサイル開発が重大な脅威だというのであれば、アメリカ、韓国と連携して北朝鮮に厳しく当たると同時に、非核化に向けた外交努力を傾注することが何より大事なことである。

その努力をせずに、北朝鮮の核・ミサイル開発が脅威だとして、日本が反撃能力を持ったところで、北朝鮮との関係で抑止力強化につながるかは大きな疑問である。日本が反撃能力を持ったから、北朝鮮が日本へのミサイル攻撃には慎重になる、などという見通しを日本政府が持っているとすれば、それこそ「甘い」と言わざるを得ない。そのような一見、合理的な思考の外にいるのが北朝鮮であり、日本から脅かされれば、更なる冒険的な行動に走るのではないかと私は危惧している。

韓国との向き合い方

韓国は日本と共にアメリカの同盟国である。したがって、こと安全保障に関していえば、日本と韓国は共通の基盤に立っており、協力すべき関係にあるはずである。ところが、日本と韓国の関係は、日本が植民地化した時代のことが根底にあり、ギクシャクした関係が続いてきた。アメリカからすれば、中国や北朝鮮と対峙するに当たって、同盟国の日本と韓国がいがみ合っているのは困ったことだ、となり、なんとか日韓両国が関係改善できないものかと腐心してきた。今日、韓国の尹大統領が日韓関係の改善に前向きな姿勢を示しており、アメリカから見れば極めて好ましい状況にあり、二〇二三年八月のキャンプデービッド会合をお膳立てしたカート・キャンベル調整官などは、「歴史的会合だ」と高揚感を漂わせていた。

日韓関係は韓国側の対北朝鮮姿勢に影響されることが多い。二〇〇四年七月、済州島《チエジユ》で日韓首脳会談が開かれた。この時、韓国側は盧武鉉《ノムヒヨン》大統領で、日本側は小泉首相だった。盧武鉉大統領は北朝鮮との関係改善を極めて重視していたが、南北の関係は思うように進んでいなかった。そうした中で、小泉首相が二度にわたって北朝鮮を訪問し、金正日国防委員長と会談したことは画期的なことであり、小泉首相の訪朝を高く評価していた。このため、盧武鉉大統領は大勢の記者を前にして、「小泉首相の訪朝を高く評価する。自分は日本との関係で、今後、教科書問題、竹島問題、慰安婦問題などは取り上げないつもりだ」と興奮気味に語ったのを鮮明に記憶している。「ちょっと言いすぎじゃないかな」と思ったほどだった。その後、日朝関係が前に進まなくなると、日本への対応も厳しくなっていった。

今日、尹大統領は北朝鮮に極めて厳しい姿勢をとっており、その反映で日本との関係改善が進んでいる。福島第一原子力発電所の処理水の問題でも韓国国内では厳しい声がある中で、合理的な対応をとっている。そのこと自体は結構なことだが、日本として韓国との関係は大丈夫だ、と安心しきってしまうと危険が潜んでいる。韓国の政治は五年に一度の大統領選挙で大きく変わることがある。日韓関係は、常に相手の立場に一定の理解を示しつつ、クールに対応することが必要である。

第八章

日本の安全保障に不可欠な三つの取り組み

日本を取り巻く安全保障環境が厳しいという認識を私も持っているが、日本の安全と平和を確保するために必要な対応として、次の三つの取り組みが必要不可欠だと考えている。

すなわち、

①日米同盟が強固なものだということを世界、とりわけ中国、北朝鮮に示すこと。

②日本の防衛力の整備・強化を行い、自ら一定の抑止力を保持する。

③東アジアにおいて、平和を維持し、台湾有事などが勃発しないようにするための外交を全力で行う。

の三点である。今日、その三点のうち、日米同盟の強化と防衛力の整備・強化は力強く進められているが、第三の外交努力は全く不十分である。これら三点に関し、具体的な課題と取り組み方法を検討していくこととしたい。

①強固な日米同盟関係を見せつけること

まず、第一点の日米同盟については、軍事面では日米間の協力が強力に進められてきている。二〇一五年日米ガイドラインに基づき、平時から緊急事態までのあらゆる段階において、抑止力と対処能力を強化するため、具体的な取り組みが日米間で進められている。在日米軍と自衛隊の連携は共同計画の策定をはじめ、着実に進んでいる。二〇二三年一月、日米両国の外務・防衛大臣が参加した2＋2会合は、「同盟の現代化」を掲げ、以下に合意している。

1　日米間でのより効果的な役割・任務の分担を実現（日本による常設の統合司令部設置を米側は歓迎）
2　日本の反撃能力の効果的な運用に向けて、日米協力を深化
3　情報収集、警戒監視、偵察活動に関し日米協力を深化
4　装備・技術面での協力、技術的優位性の確保に向け、日米協力
5　宇宙・サイバー関連能力に係る協力の深化
6　米国の拡大抑止の信頼性確保、そのための日米拡大抑止協議の推進
7　在日米軍の態勢見直しに関する再調整、普天間飛行場代替施設の建設へのコミット

今後、さまざまな事態を想定して、在日米軍と自衛隊の共同訓練の実施、自衛隊基地及び日本にある民間空港の在日米軍共同利用などがさらに推し進められると見られている。

このように日米同盟は、自衛隊と在日米軍というプロ同士の間では着実に深化していると言えよう。

その上で、大事なことは、「日米同盟は磐石《ばんじゃく》だ、日米同盟はしっかりとした絆で結ばれており、日本が武力攻撃を受けた時には、米軍が日本と共に戦うのだ」というコミットメントを中国や北朝鮮に見せつけることである。これはまさに政治の責任である。日米首脳会談の際に出される共同声明などにおいて、拡大抑止のコミットメント及び尖閣諸島への日米安保条約第五条の適用を繰り返し確認することが、中国及び北朝鮮への抑止の観点で極めて重要である。

拡大抑止のコミットメントは、極めて重大なアメリカの対日コミットメントである。しかし、聞きなれない言葉であり、どれだけ重大なコミットメントなのか、一般に伝わりにくい面がある。米国の核抑止戦略は米国の国防戦略において最も重要な位置付けがなされており、一言でいえばどの国も米国へ核攻撃をしてこないようにするため、米国が十分な核戦力を保持し、もし核攻撃をしてくる国があれば、核兵器を含む全ての戦力で対抗することを予め明確にしておくというものである。

拡大抑止とは、その米国の核抑止戦略を他国にも提供するというコミットメントであり、核の傘とも呼ばれていて、NATO諸国に提供されるほか、日本、韓国および豪州に提供されている。

この拡大抑止は日本及び韓国にとって、北朝鮮などへの対処力を強化する上で極めて重要であり、日米間では拡大抑止協議も行われてきている。

尖閣諸島が日米安保条約第五条の対象となるというのは、前述の通り、もし中国が尖閣諸島へ武力攻撃をすれば、米国が日米安保条約上の日本防衛義務に基づき、適切な対応を取るというコミットメントであり、これも中国への強いメッセージとなっている。

もっとも、尖閣諸島などへ中国からの攻撃があった時に、本当にアメリカが軍事的に関与し、在日米軍が自衛隊と共に戦ってくれるかとなると、これを疑問視する声が日本国内でも少なくない。その背景には米国内の内向きの世論があることは頭に入れておく必要があるが、ここで大事なことは、何度も日米共同声明においてアメリカのコミットメントを確認することであり、それが中国への牽制になるだけではなく、対日防衛義務に関してアメリカ政府への再確認を求めるという意味合いを持っている。

②日本の防衛力の整備・強化

日本が一定の防衛力を整備・強化する必要があることは、現在の国際政治の状況を見れ

図表8-1　日本の防衛費と米中の国防費の推移

（防衛省の資料を基に作成）

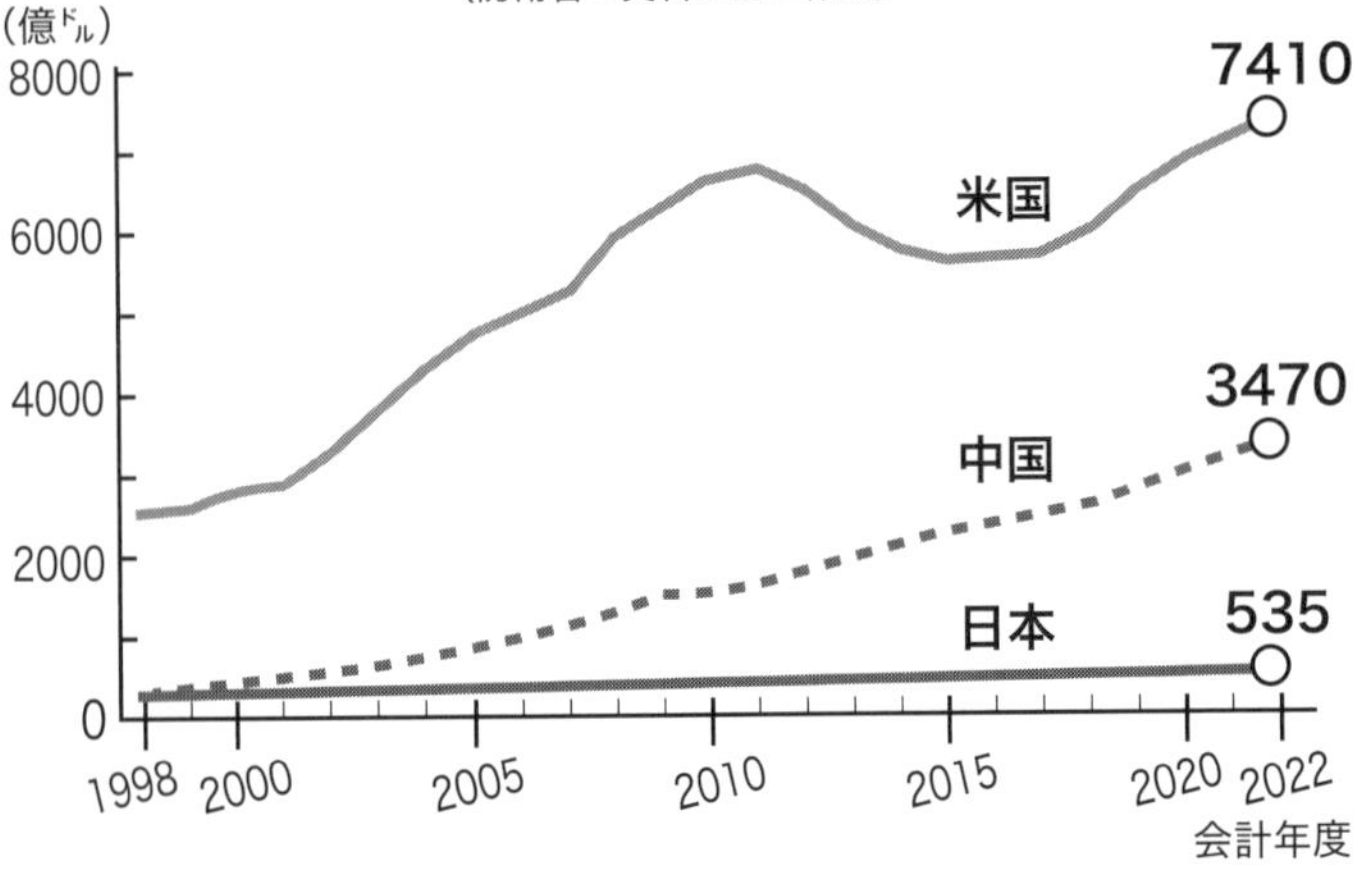

出所：2022年9月30日付読売新聞朝刊

ば当然のことである。問題は、何のために、どれだけの防衛力が必要かの吟味である。

　日本の防衛費は、長年、ＧＤＰ比一％の枠内という政策目標に沿って抑えられてきた。といっても、丸腰というわけではなく、世界では二〇二三年で第一〇位の防衛費となっている。第二次安倍政権下において、防衛費の拡充を目指したものの、その伸びは小さなものであり、前述の通り、二〇一二年度の防衛費が四・七兆円だったものが、二〇二〇年度には五・三兆円であり、七年八カ月で六〇〇〇億円増大されたにすぎず、ＧＤＰ比一％の枠内に収まるものだった。

　その防衛費を岸田総理は、一気に倍増

することを決定した。日本が二〇二七年度に防衛費をＧＤＰ比二％に引き上げるとすれば、五・五兆円規模であったものが一一兆円を超え、世界第三位の水準となる。防衛費だけで見れば、世界有数の軍事大国となる。

他方、中国の防衛費は二〇〇〇年以降、経済成長に伴い大きな伸びを示し、今や日本の五倍近くとなっており、日本がＧＤＰ比二％の水準に引き上げても、中国の防衛費の三分の一程度である。中国と同程度の防衛力を日本が持つべし、などということになれば、ＧＤＰ比六％程度が必要となり、不可能な水準である。

図表8-2　各国の軍事支出

(2020年)

順位	国名	金額(ドル)
1	米　国	7780億
2	中　国	2520億
3	インド	729億
4	ロシア	617億
5	イギリス	592億
6	サウジアラビア	575億
7	ドイツ	528億
8	フランス	527億
9	日本	491億
10	韓国	457億

倍増なら3位に

※ストックホルム国際平和研究所の資料に基づく

出所：2022年4月9日付東京新聞朝刊

図表8-3 防衛費増額 5年間43兆円の財源

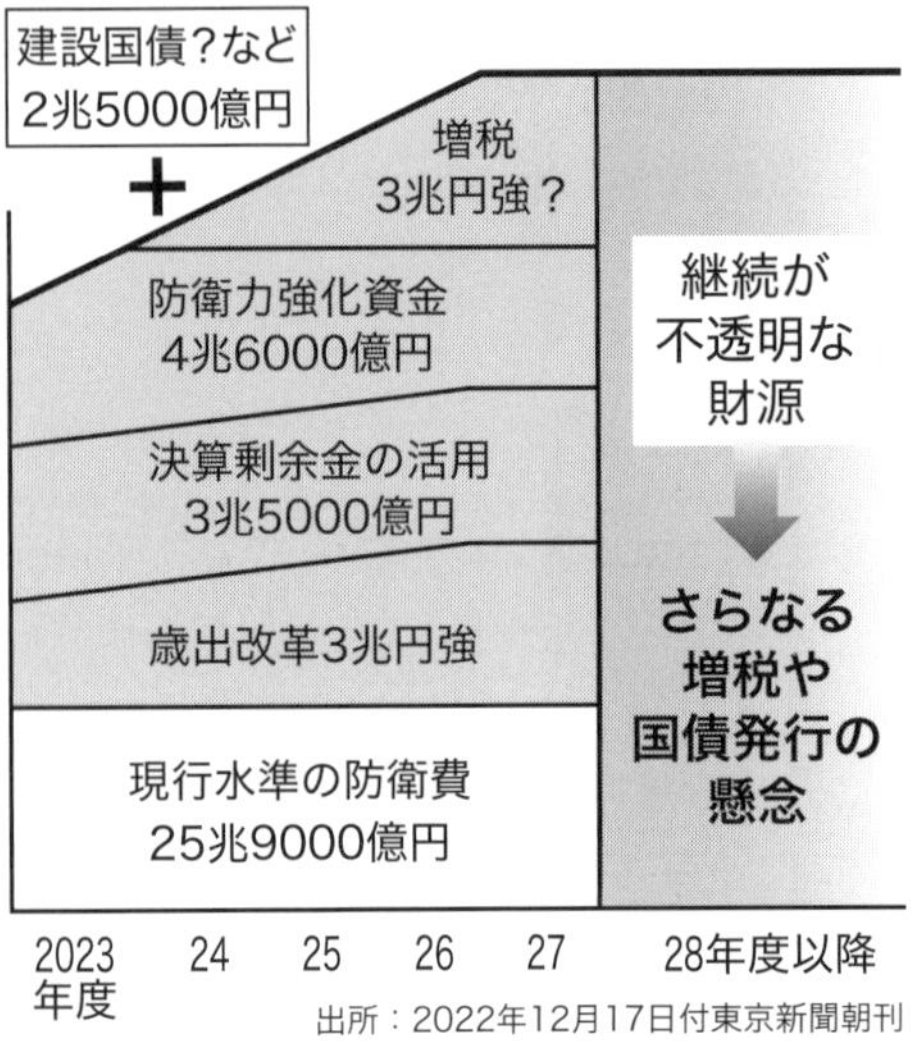

出所：2022年12月17日付東京新聞朝刊

図表8-4 防衛費増額 5年間43兆円の主な内訳

長射程ミサイルの導入	5兆円
防衛装備品の維持整備	9兆円
弾薬・誘導弾の導入	2兆円
新たな装備品の確保	6兆円
無人機の早期取得	1兆円
宇宙	1兆円
サイバー	1兆円
自衛隊の隊舎や宿舎の老朽化対策	4兆円

出所：2022年12月9日付日本経済新聞電子版

香田元自衛艦隊司令官の論評

さて、日本の防衛費の水準を考える時、何のために防衛費の増額が必要かを具体的に検討すべきなのはいうまでもない。やみくもに「防衛力を抜本的に強化するのだ」と唱え、一気に現行の防衛費を倍増するというのはいかにも乱暴である。「ロシアのウクライナ侵略のようなことが起きるので、ＮＡＴＯ並みは当然だ」というのは責任ある政府のやるべきことではない。ウクライナの状況と日本を取り巻く状況は同じではなく、日本としてＮＡＴＯ諸国と同じレベルの防衛費を支出すべきだ、というのはお粗末な思考である。

ＮＡＴＯ諸国並み、というのであれば、その中核のドイツ、フランス、英国などの財政規律も見てみるべきだろう。ＥＵは加盟国に対し、債務残高がＧＤＰ比六〇％を超えないこと、予算年次ごとの財政赤字をＧＤＰ比三％以内に抑えることを求めている。日本の債務残高はＧＤＰ比二六〇％という天文学的な数字となっており、ＮＡＴＯ諸国と全く異なる財政状況にある。日本政府の債務はほぼ全てが円建てであり、日本は資産があるから大丈夫だ、といった主張が日本国内にあるが、少なくとも世界標準の議論ではなく、いずれ持続可能ではなくなると考えるべきであろう。

これまで、日本の防衛費があまりに少なく、砲弾も買えない、という指摘が頻繁に聞か

図表8-5　2022年度の防衛予算

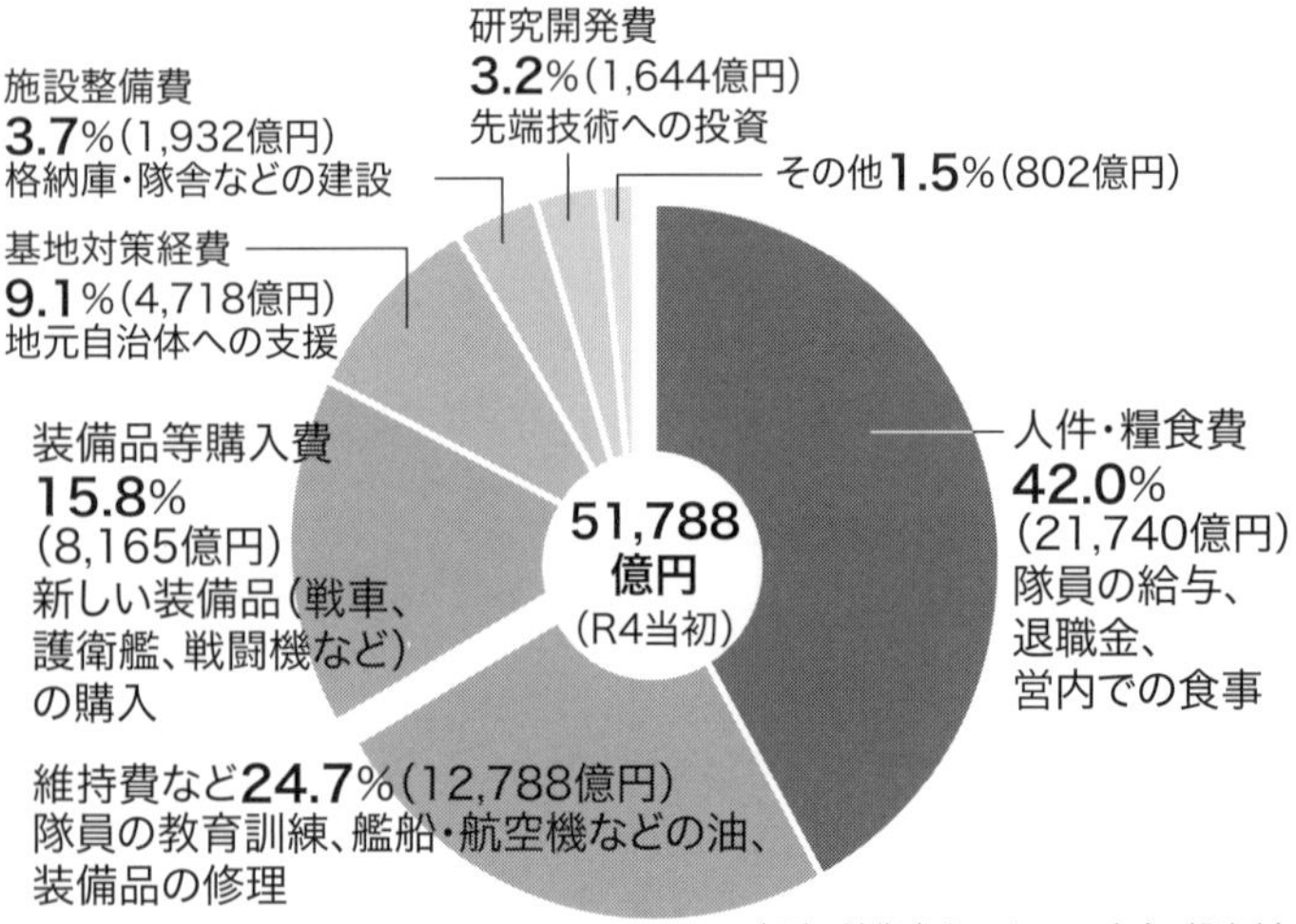

出所：防衛省ホームページ（一部改変）

れた。確かに砲弾のストックが十分なレベルにないというのは事実だが、今後五年間で四三兆円の防衛費を予算に組み込むと決定した時に、砲弾費用はいくらかと見れば、弾薬・誘導弾で二兆円だそうである。「弾薬も買えない」、だから大幅な防衛費増額を、というのは防衛費増額のためのプロパガンダだったのかもしれない。

二〇二二年度の防衛予算を見ると、図表8-5のようになる。

人件費などが四二%、基地対策経費が九・一%であり、残りの四九%、二・五兆円が自衛隊の装備、維持費などである。今後、この防衛費に年間五兆円以上が加わることになれば、人件費はそれほど増えるはずはなく、装備費などが三倍以上も増えることになる。それだけの規模の増額が具体的に何に必要となるのか、よほどにしっかりとした検討が必要であり、その内容についても、わかりやすい説明が国民になされなければならない。

この関連では、防衛の現場にいた香田洋二元自衛艦隊司令官の著書『防衛省に告ぐ』(中公新書ラクレ)が警鐘を鳴らしている。防衛省の装備計画を見てのことだと思うが、「マッハ5以上の極超音速誘導弾」や「12式地対艦誘導弾の改良」、情報収集する「衛星コンステレーション」など思いつきを百貨店的に並べた印象で、点数もつけられないと酷評し、自衛隊の身の丈を超えたものを買い物リストに入れていないですか、と述べており、傾聴に値するコメントである。

今後、五年間で四三兆円の防衛費という時、本当に何が必要なのか、十分な精査が必要なことは言うまでもなく、また、二〇二七年度以降、GDP比二%のレベルで防衛費を計上していく必要が本当にあるのか、今一度、「数字ありきではない」という原点に立ち返り、日本を取り巻く安全保障環境と日本のあるべき防衛力レベルを総合的に勘案し、厳しく吟味することが必要である。

日本は今、あまりにも多くの課題を抱えており、とりわけ少子化の問題は「異次元の対応」がまさに求められている。防衛を担う自衛隊でも、定員割れが深刻になっている。若者がいない日本には未来も、国防もなく、少子化が日本の安全保障上、最大の課題であると言っても過言ではない。しかし、少子化対策についてはすぐに財源の問題が提起され、なかなか「異次元の対応」が取られない現実がある。その一方で、防衛費となると、財源問題など関係がないと言わんばかりの対応は不可解である。戦前の日本では、こと戦争のことや軍隊のことになれば、財源を含め、全てに優先されたが、その行き着く先は太平洋戦争であった。

繰り返しになるが、私も一定の防衛力の整備・強化はしなくてはいけないと考えている。しかし、GDP比二%と決め打つのではなく、身の丈に合い、真に必要なものを整備することが肝心であり、その観点からの吟味を行っていく必要が当然ある。

反撃能力について

岸田総理は、防衛費の大幅増額の発表を行った際、新たにどのような能力が必要なのか、三つ具体例を挙げたいとして、その一つ目に反撃能力の保有を上げている。この反撃能力について、改めて考えてみたい。

反撃能力保有のアイデアは、北朝鮮からのミサイル攻撃に対処するミサイル防衛の一環として出てきたものである。ミサイル防衛として、日本海に展開するイージス艦と国内に配置するパトリオットミサイルに加えて、地上型のイージス・アショア（イージス艦の弾道ミサイル防衛システムを陸上に配備し、弾道ミサイルを地上から迎撃する能力を持たせたもの）を山口県及び秋田県に配置する計画が進められた。しかし、これが現地の理解が得られずに頓挫し、これに替わって唐突に出されたのが「敵基地攻撃能力」という案だった。「敵基地攻撃能力」というのは、北朝鮮がミサイルを日本に向けて発射せんと準備した時に、その発射を待つのではなく、こちらから北朝鮮のミサイル発射基地を叩きに行く、というものだった。「相手が撃ってくるのを待って、これを撃ち落とすより、こちらから叩きに行った方が安上がりだ」といった、驚くほど低レベルの議論が政治家の間から聞こえてきたのには耳を疑った。一九五六年、専守防衛政策との関係で問われた鳩山政権が「座して死を待つ」のではなく、一定の制限の下で攻撃的行動を行うことは認められると答弁したことを引用し、「敵基地攻撃能力」は合憲と説明されたが、これはあくまで、「今、まさに相手がミサイル攻撃に着手した」時に、先手を取って攻撃するのは合憲だ、というものである。

二〇〇三年の時点でも同様の議論があったが、その時点では、ミサイル発射に着手したと判断するのが不可能ではなかった。当時は、ミサイル発射の一週間くらい前から発射基地の周りで燃料給油の作業が始まり、北朝鮮がミサイル発射の準備を始めたと衛星を通じて判断することが可能であった。

しかし、今日、そうした事前の情報入手は不可能となっている。以前は液体燃料を使っていたため、上記のような事前の動きが入手できたが、今では、固体燃料を使うため、事前の動きが察知できず、ミサイル発射基地も増え、さらには列車や潜水艦からのミサイル発射も可能になっており、「北朝鮮がミサイル発射に着手した」という情報を事前に入手するのは事実上不可能である。

北朝鮮のミサイル開発は随分と進んできており、4W、すなわち、「いつ when」「どこから from where」「何を what」「どこに向けて撃つ to where」が事前にわからないのが現実である。二〇二三年に入っても、多くのミサイルが北朝鮮から発射されたが、いずれの場合も、発射された後に「発射されたようだ」と日本政府が国民にアナウンスしているのが実態であり、とても事前にミサイル発射を予知できていない。したがって、「敵基地攻撃能力」は機能しないことがわかり、それに替わって登場したのが「反撃能力」の保有だった。

政府はこの反撃能力について、相手国への抑止を狙ったものであり、日本が先制攻撃をするものではない、と説明してきている。日本が北朝鮮の核施設を攻撃する能力を保有すれば、北朝鮮は対日行動において慎重にならざるを得ず、一定の抑止効果が期待できるというのが、日本政府の考え方のようである。

果たしてそうだろうか。日本が北朝鮮、ないし中国のミサイル施設を叩くような能力を保有すれば、北朝鮮、あるいは中国が慎重になり、日本への攻撃を行うことを躊躇《ちゆうちよ》する、といったことが現実的に考えられるのだろうか？

「反撃能力」の保有について、具体的には、政府はアメリカからのトマホーク四〇〇基の購入を第一ステップとして考えているようだ。日本がトマホークをもてば、北朝鮮が日本に向けてのミサイル発射について慎重になり、場合によっては発射を思いとどまらせることができる、という狙いであろう。「反撃能力」の保有がそうした抑止力につながるかどうか、北朝鮮の行動パターンを考えてみる必要があるが、抑止力が機能するためには相手が合理的行動をすることが前提条件となる。しかし、そうした合理的行動を北朝鮮に期待するのは非現実的ではないだろうか。

また、いかなる被害を受容できるかという視点に立つと、日本と北朝鮮は非対称的な国である。日本は東京、ないし大阪、あるいは原子力発電所などを狙われると、その一発で耐えきれない被害を被ることになる。しかし、北朝鮮の場合、平壌をミサイル攻撃されても国家として耐えうる体制にあるのではないか。この非対称性が抑止力を減殺することになることも考えざるを得ない。

「反撃能力」の保有は中国についても検討されているようだ。

「平素から力を見せつけないと抑止は機能しない。」「プーチンや習近平は日本が本当に強い軍事力を構えれば、真面目に交渉に乗ってくる」、「ロシアのウクライナ侵略からの教訓として、『力に対しては力だ』ということ、核抑止力がないと、核で脅かされるということ、相手に舐められる、反撃能力がなければ、やられ放題になる」といった指摘が元自衛隊最高幹部や元国家安全保障局幹部によって指摘されている。

では、中国について、いかなる「反撃能力」を持てば抑止が有効に機能するというのか。どうすれば中国が日本の反撃能力に恐れをなし、日本への敵対的な行動を慎むようになるのだろうか。「力に対しては力だ」といった考えに基づき、議論を突き詰めていけば、中国と同等程度の軍事力を持たなくてはいけない、ということになり、さらには、「中国が核保有国である以上、日本も核を持たないと抑止力が有効に機能しない」という結論になるのではないか。中国の発表する国防費には、核関連費用や研究開発が含まれていないと見られているが、前述の通り、防衛省の資料では二〇二二年で三四七〇億ドルとされており、日本の五三五億ドルの六・五倍である。したがって、日本がＧＤＰ比二％にしたところで到底、中国と同等の防衛費にはならない現実がある。

防衛費の大幅増大の理由の第一として、反撃能力の保有を掲げる岸田総理の発言について、本当にそれが日本の防衛にとって緊急で必要不可欠と考えているのか、改めて問いただしたい。

核の問題について──日韓の立場の相違

核兵器については、岸田総理は非核三原則を堅持する、との考えを表明している。岸田総理は広島出身の政治家であり、核なき世界の実現を目指す政治家である。二〇二二年二月の国会におけるやりとりでも、「日本政府は『非核三原則』は堅持する、『核共有』は認めない」と明言している。しかし、この核問題について、ウクライナ侵略が始まって以降、ロシアが核兵器の使用をちらつかせる発言を繰り返し、核兵器が現実の脅威として語られるようになってきた。東アジアにおいては、北朝鮮がミサイル発射を頻繁に行い、中国は核弾頭の大幅な拡充を進めている。日本でも核の問題について、「議論はすべきだ」という声が出始めた。

日本にとって危ないのは、アメリカが北朝鮮の核開発について、核廃棄を求めることは現実的ではなく、北朝鮮がある程度の核能力を保持することを認めつつ、関係をマネージすることが現実的なアプローチだ、といった考え方に走る時である。「関係をマネージする」というのは、北朝鮮がＩＣＢＭのテストは行わず、現在以上の核開発を行わないことをコミットすれば、現在保有する核能力の維持を認めつつ、アメリカなどが北朝鮮との関係を正常化し、制裁は解除、場合によって経済協力もするといったシナリオである。バイデン政権は、こうしたシナリオにコミットしてはいないが、アメリカ国内ではこのような議論が出てきており、いずれ、このシナリオが浮上する可能性が否定できない。

これは日本にとって受け入れられるものではない。北朝鮮がＩＣＢＭのテストをしなくても、ノドンミサイル二〇〇発がすでに日本をカバーしている。そして北朝鮮は、四〇ないし五〇発規模の核弾頭を保有しているとみられている。アメリカと異なり、日本は北朝鮮の核・ミサイルの脅威を現実に受けている国である。そうした状況下で、北朝鮮の核保有を実質的に認めつつ、関係を正常化するなどということは日本として容認できないはずである。

また、韓国が独自に核開発に向かうかどうかも真剣に検討を加える必要がある。前述の通り、韓国国内では、アメリカの核の傘に依存するだけで大丈夫か、という議論が出てきている。二〇二三年一月、尹大統領が「北朝鮮の挑発の水準が高まれば、韓国が戦術核を配備したり、独自の核を保有したりすることもありうる」と発言したことがあった。

韓国国内の世論として大きな注目を集めたのが、七一・三％が核保有に「賛成する」とした二〇二一年の調査結果だった。二〇二三年には、その賛成割合が六〇・二％に減少したが、なお、六割以上の韓国国民が独自の核保有に賛成だと表明している。

これに対し、アメリカは否定的な考え方を表明してきている。二〇二三年四月、尹大統領は国賓として訪米したが、その際に米韓同盟の強化と拡大抑止政策に関する合意文書「ワシントン宣言」が発表された。このワシントン宣言の要点は、韓国内で高まるアメリカの拡大抑止の信頼性に対する不安を払拭するため、アメリカが韓国に核の傘を提供し、韓国に対する防衛コミットメントを改めて明確にする一方、韓国は核不拡散条約を遵守すること、すなわち独自の核武装を行わないというコミットメントを確認したことにある。また、このワシントン宣言では、核戦略について米韓で話し合う「核協議グループ」の新設が合意され、原子力潜水艦などの米戦略核兵器を定期的に朝鮮半島に展開することも打ち出された。

韓国側では、このワシントン宣言について、「事実上の核共有」だと主張し、これを否定するアメリカと食い違いが出ている。アメリカは韓国との核共有に否定的であり、韓国の独自核開発にも反対という立場である。このため、韓国の懸念に応えるためのギリギリの対応として、「核協議グループ」の新設や原子力潜水艦などの朝鮮半島への展開を打ち出したものと見られる。

核問題については、このように日本の岸田政権と韓国の尹政権との間で相当の立場の相違がある。日米韓首脳会談では、アメリカの拡大抑止の有効性という日韓で共通の関心事では合意する一方、核・ミサイル開発を進める北朝鮮にどう対抗するか、さらには日韓各々の核に関する立場の相違がどこまで議論されたのか不明だが、今後とも韓国の動きには注意が必要である。

日本は核問題でいかなる選択をすべきか

そこで、日本の中で出てきている動き、核問題について「議論くらいはすべきだろう」という主張は何を目指したものか、よく吟味する必要がある。アメリカの提供する拡大抑止の実効性を高めること、そのための議論が必要だ、というのであれば、誰も反対するはずはない。しかし、「議論くらいはすべきだろう」というのは、核共有、さらに一歩進んで独自の核開発も念頭に置いた議論を目指しているのではないだろうか。核共有については、アメリカにその考えがない以上、議論を国内でしても始まらない話であり、そうなると、日本独自の核開発が議論の対象とされることは容易に推測されることである。

この点は、まさに非核三原則を掲げる日本にとって重大問題である。日本という国、世界で唯一の被爆国、その日本がいかなる選択をするのか。世界が核軍縮ではなく、核軍拡に向かおうとしている時、日本はいかなる姿勢で望もうとしているのか。

ロシアのウクライナ侵略以降、核兵器の抑止力としての機能が指摘されてきている。二〇二三年五月の広島におけるG7サミットで発出された、核軍縮に関する「広島ビジョン」中の、「核兵器は、それが存在する限り、防衛目的のために役割を果たす」という箇所は核抑止論を肯定するものだとして批判の声が上がり、二〇二三年八月六日、広島市長の平和宣言でも懸念が表明された。

この核問題では、日本政府が取り組むべき道として以下を提示したい。

まず第一歩は北朝鮮の非核化に向けた具体的な取り組みである。日米韓三カ国の北朝鮮に関する協議を開催することは結構なことだが、単に北朝鮮に厳しく当たると声高に言うだけでは生産的ではない。繰り返しになるが、いずれアメリカからは、「北朝鮮の一定の核保有は黙認し、関係をマネージするのが現実的な取り組みだ」といった主張が表面化するかもしれない。そして韓国内では独自の核保有の動きが表面化する可能性もある。あるいは、米韓の厳しく北朝鮮に当たるという路線に北朝鮮が猛反発し、冒険的で敵対的な動きに出てくる可能性もある。そうなれば、日本が北朝鮮のミサイル攻撃にさらされる危険が現実の問題として浮上する。

このような悪夢のシナリオを回避するためには、日本が北朝鮮の非核化に向けて具体的なロードマップを描き、国際的な取り組みを強化する必要がある。そのため、まずはアメリカへの働きかけである。アメリカを北朝鮮の非核化について本気にさせる必要がある。いかに北朝鮮の非核化を実現するか、今のアメリカからは、そうしたアイデアは出てきそうにもなく、日本が具体的な方策を考え、提示する必要がある。

次に重要なのは、中国への働きかけである。六者協議は結果的に失敗に終わったが、中国を巻き込み、北朝鮮の核放棄を実現しようとする仕組み自体は間違っていなかったと考えている。今回、この北朝鮮問題で中国を引き込むためには、「このまま放置すれば韓国が核開発に走る可能性が高く、そうなれば日本国内でも核開発に向けた世論が高まるだろう」といった背景説明を中国に行うことが考えられる。もちろん、これには高度な外交能力が要求される。一つ間違うと「日本が核保有へ」といった受け止め方をされ、日本が国際社会で孤立する危険がある。アメリカとはもちろん、中国とも信頼関係を高めつつ、取り組んでいく必要がある。

さらに核弾頭の拡充を進める中国に対しては、核軍拡は核不拡散条約のもとで認めることはできず、核軍縮に努力すべきだと厳しく要請すべきは当然である。

第二歩は、核軍縮についての国際的な取り組みの強化である。広島ビジョンにおいて核軍縮が標題に掲げられたことは良かったが、問題はその具体的な取り組みである。核不拡散条約の再検討会議が二〇二二年八月に開催されたが、ロシアの反対で「最終文書」が発出できないで終わっている。二〇二三年八月に開かれた準備会合も具体的な文書を発出することなく終わった。日本は核兵器禁止条約について、少なくともオブザーバー参加はすべきである。そして、核兵器禁止条約関連会合において日本としての非核化に関する基本姿勢を明確に打ち出し、核軍縮に向けた国際世論をさらに前進させる必要がある。

日本が核軍縮で大きな声を上げることは、アメリカの核の傘の下にいることと矛盾するのではないかという指摘も聞かれる。しかし、私は、矛盾するものではないと考えている。世界は日本が唯一の被爆国であることは十二分に承知しており、また、世界では、日本が核兵器を開発する能力を有する国だと広く認識されている。その日本が、核保有国に囲まれている現実があるため、アメリカの核の傘の下に留まる一方、自らは決して核開発に進まないと宣言すれば、これは大いに説得力のあるメッセージとなる。日本は自信を持って、核軍縮を唱える世界のリーダーとなるべきである。

③平和を作る日本外交

さて、日本の安全保障に必要な第三点目として、「平和を作る日本外交」について、具体的に考えていきたい。

平和を作る日本外交などと言うと、「何を寝ぼけたことを言うのか」「空想的な平和主義など聞きたくない」といった反発や批判が聞こえてきそうな今の日本の風潮、空気である。しかし、私は日本の安全を確保する上では、戦争を抑止し、日本への攻撃などがないようにすることが何より大事であり、そのためには、平和を作る外交が必要不可欠だと考えている。

これまでにみてきた通り、日本を取り巻く安全保障環境で最も懸念すべきは大国化した中国であり、より具体的な脅威としては、①中国の台湾侵攻とそれに日本が巻き込まれる恐れ、②尖閣諸島への侵略の恐れ、③東シナ海全般につき、中国が国際ルールを無視し、中国の内海とする恐れが指摘できる。この三点につき、そうした脅威を現実化させないため、日米同盟の強化や防衛力の整備・強化に加えて、外交として何ができるか、いや、何をすべきかを考えてみよう。

「好き嫌い」で外交をしてはならない

国益、そして外交にはさまざまな名言がある。十九世紀の英国の政治家パーマストンの言葉「英国は永遠の友人も持たないし、永遠の敵も持たない。英国が持つのは永遠の国益である」はあまりにも有名である。一方、周恩来は、「外交というものは、形を変えた戦争の継続状態である」と言っている。英国の外交官ニコルソンは、その名著『外交』の中で、「私は、『道徳的な』外交は結局最も効果的であり、『不道徳な』外交は自らの目的を挫《くじ》くという深い確信を抱くようになった」と述べている。

各々核心をついた言葉だと思う。私自身は、「外交は、好き嫌いで行ってはならない、研ぎ澄まされた心で国益を見据え、国益を武力ではなく、話し合いを通じて増進する、それが外交だ」と考えている。

こうした格言を引用したのは、近頃の日本において、国益という言葉を振り回しながら、それが好き嫌いに基づいている場合が多く、冷徹な目で国益を見つめ、追求したものでないことが多いからである。

二十一世紀においても、日本の国家としての安全が確保され、日本人が平和で豊かな生活を送るための環境を守り抜くことが日本の国益のはずである。そのために何をなすべきか、いかなる外交を追求すべきかを考えれば、答えは自ずと明確に出てくるはずである。相手国を好き嫌いで判断し、その国との関係を律していくことが真の国益に適うはずがない。今の日本では、大国化した中国が嫌いだという漠然とした感情があり、その感情に基づいて、中国とは付き合えない、付き合うべきではない、といった判断が下される傾向がある。

例えば、二〇二一年十一月、林外相が王毅国務委員と電話会談を行った際、訪中の招待があったと明らかにしたが、これに対し自民党サイドから、「外相の訪中は慎重の上にも慎重を期してもらいたい」「北京五輪開会式の外交的ボイコットが議論されている中で、日本の外相訪中は完璧に間違ったメッセージを海外に出すことに他ならない」といった注文がついたことがあった。またこの件に関して、緊急世論調査なるものが行われ、「訪中すべきでない」が九六％を占めた、という報道もあった（『夕刊フジ』）。こうした見方があったためか、林外相の訪中は実現しなかった。その際、林外相については政界屈指の「親中派」と報道されることが多かった。

あえてこの事例を紹介したのは、まさに外交を好き嫌いで判断していないか？という観点から大いに疑問を感じたからである。訪中し、中国と話し合うのが良くない、というのは何を根拠としたものなのか。日本の隣国、中国との間では、台湾海峡、尖閣、東シナ海、さまざまな懸案がある。同時に日本の最大の貿易相手国でもある。そうした国と真剣に話し合うのが外交であり、外交の場では相手が嫌がることも堂々と言わなくてはならない。率直な話し合いが外交の真髄である。それを話し合うのが良くない、あるいは、訪中すれば、相手のペースに乗せられて言うべきことも言えない、だから、訪中はまずい、と思われているのであれば、極めて残念なことである。林外相は堂々と中国に行き、日本の主張を堂々と行うべきであった。

中国との話し合いの機会としては、今一度チャンスがあったが、これもパスされたままだった。それは二〇二三年五月のＧ７サミット直後のことである。Ｇ７サミットの共同声明、それは日本が議長国として取りまとめたものであったが、そこには「中国と率直に関与し、我々の懸念を中国に直接表明することの重要性を認識しつつ、中国と建設的かつ安定的な関係を構築する用意がある」と書かれていた。

ここで書かれた文面、「中国と率直に関与し、中国と建設的かつ安定的な関係を構築する」は極めて大事なメッセージである。というのも、「中国と関与する」という表現はアメリカでは禁句になっていたからである。二〇〇九年、大統領となったオバマ氏にとって、急激に大国化する中国との向き合い方は大きな政策課題であった。その前年にはリーマンショックがあり、アメリカ経済は大きな打撃を受けていた。一方、中国は四兆元もの内需振興策を打ち出し、世界経済を牽引しており、そんな中国が頼もしく映ったのかもしれない。オバマ大統領は、中国が加わらないサミットは意味がないと考えたようで、「もうＧ７サミットの時代ではない」と言い出し、Ｇ20サミットの開催を打ち出したのだった。そしてオバマの本音はアメリカと中国、二つの大国によるＧ２体制であったのではないか、と私は見ている。

そこでオバマ大統領は、中国と積極的に関与すれば、中国は責任ある大国として国際的にも協力してくれるはずだとの考えから、中国との「戦略的関与政策」を打ち出した。しかし、オバマ大統領の任期の八年間、中国はオバマの期待に反し、南シナ海で国際ルールを無視した政策を取り続け、一帯一路政策を打ち出し、世界的に中国が中心であり、中国がルールを決めるのだ、と言わんばかりの行動をとったのだった。オバマの中国への期待はむなしく消え去り、アメリカにおいては、オバマの進めた「対中戦略的関与政策」は大失敗だったとの烙印《らくいん》を押されてしまっていた。

そうした中で、二〇二三年五月の広島でのG7サミットにおいて、「中国と関与する」ことが打ち出されたのである。この表現を見た時、「えっ、アメリカが"engage"関与するという表現を飲んだのか?」と驚いたものだった。その外交イニシアティブを取ったのは、間違いなく、議長国の日本である。このG7サミットの直後に日本の外務大臣が中国を訪問し、「G7として、中国と関与し、建設的な関係を築く考えがある。日本は、議長国として、この対中姿勢をリードしたのだ」といったメッセージを中国首脳に直接伝えるような外交的イニシアティブが欲しかった。その際に中国に対して、その前提は中国が国際ルールを守ることだ、と強く迫ることは当然である。それが率直な対話であり、外交である。

今日の日本では、「好き嫌い」で中国を考える傾向があると思われるが、その根底には中国が経済力で日本を追い越し、大国化するのを好まないといった感覚があるのではないだろうか。年配の日本人の記憶の中には、日清戦争以来の日中関係があり、日本の方が優越的な関係にあったという漠然とした思いが漂っているように思われる。その中国が二〇一〇年、日本をＧＤＰで追い越し、世界第二位の経済大国となり、今や、アメリカにも迫っているという状況を消化できないでいる。日本人は世界でも中国の問題点を指摘するのが最も得意である。曰《いわ》く、「中国は少子高齢化が進み、人口も六億人くらいに減少していく、経済は衰退しつつあり、バブルがはじけ、環境は劣悪で、貧富の格差も酷い。きっと、社会は不安定になっていく」というような予測を出す人が多い。

もちろん、中国の側にも問題が多い。急速に大国化したため、振る舞いが荒く、外交も「戦狼外交」に代表される好戦的な外交姿勢を取り、軍事力は増強するが、透明性に欠いている。二〇一五年以降、南シナ海では国際ルールを無視し、中国の海だと宣言するなど、力ずくで現状を変更しようとする動きが目立ってきている。このため、特に先進国の中で中国の評判はガタ落ちであり、ピューリサーチセンターの調べでは、二〇二三年において、日本人の八七％、豪州八七％、スウェーデン八五％、アメリカ八三％、カナダ七九％、ドイツ七六％、フランス七二％、英国六九％の人が中国を否定的に見ている。

中国との真剣な対話――聖徳太子の叡智に学ぶ

しかし、日本にとって、中国は隣国である。この隣国である中国とどのように向き合うかは日本の国益にとり死活的に重大なことである。私は、日本の隣国であり、世界第二位の経済力を持つ中国とは安定的な関係を築く必要があり、それが日本の国益だと考えている。

中国と対立するのではなく、話し合いをすべきだ、と言うと、中国融和派だ、といったレッテルを貼る向きがあるが、そうしたレッテル貼りだけはやめなくてはいけない。

そこで現代において日本が参考にすべきは七世紀、聖徳太子の叡智《えいち》ではないかと考えている。六世紀、隋が中国を統一し、忽然《こつぜん》として、隋という大国が東アジアの世界に登場した。それ以前の中国大陸は群雄割拠の時代であり東アジアの政治に影響力を持ってはいなかった。

この突如出現した大国・隋と日本がどのように向き合うのか、大和朝廷は大いに悩んだに違いない。そこで出した結論が、隋と正面から向き合い、一定の関係を構築する、しかし、大国とはいえ、これに服従するのではなく、少なくとも対等の心意気で臨もう、ということではなかったかと思う。それが遣隋使の派遣であり、その際に遣隋使に持たせたのが、「日出る処の天子、書を、日没する処の天子に致す、恙《つつが》なきや」という有名な書簡だった。遣隋使を送るというのは、外交上、相手に礼を尽くす意味を持ち、朝貢の意味合いを持たないでもなかったが、そこにあえて書を送り、対等の関係を演出しているのが、この書簡であり、聖徳太子の知恵であった。

今日、まさに中国が突如、大国として登場した。二〇〇〇年には日本のＧＤＰの三分の一しかなかった中国、それが今は日本の四倍もの経済力を持つ大国となってしまった。日本を経済力で圧倒し、世界の大国として東アジアに君臨しようとしている。

さて、その大国・中国と日本がどう向き合うのか、知恵が試されている。ここで重要なことは、日本が過去のイメージにこだわり、中国を見下し、大国としての中国を受け入れないという頑《かたくな》な姿勢から脱却することである。大国としての中国を受け入れる、しかし、大国中国に隷属することなく、日本が堂々と対等の姿勢で向き合う姿勢である。それが聖徳太子の知恵に学ぶということの趣旨である。

私は二〇〇八年、外務事務次官に就任した時、「中規模高品質国家論」という小論文を発表した。その趣旨は、いずれ中国に経済規模で追い越されることは自明だが、規模で勝負するのではなく、日本は品質で勝負すべきだ、という主張であった。そこでいう品質とは、製品の品質もあるが、それにとどまらず、社会の品質、文化の品質、さまざまな面での品質である。外交面でも、これまで日本外交が営々として築いてきた徳のある外交、世界から信頼される国という品質があり、日本は高品質国家として堂々と渡り合えばよい、というものであった。

今日、その主張はなお有効であるだけではなく、むしろ、より妥当性を持っていると考えている。中国は、確かに経済規模では日本を圧倒したが、その社会は大きな矛盾を抱えている。少子高齢化が進む中で福祉医療面での制度が整っておらず、社会の矛盾が噴き出す危険を抱えている。一方、日本社会は世界でも有数の福祉国家となっており、「失われた三十年」といわれる経済停滞の中にあっても、国民皆保険の制度などに支えられ、なお社会が安定しているのは特記すべきことである。もちろん、日本の大きな課題は、今後、こうした制度を維持できるのかどうか、という点にあり、それは大きなチャレンジであるが、それでも中国と比べれば、高品質国家として誇りうることは間違いない。

中国を大国として受け入れつつ、日本として堂々と対等の精神で向き合い、中国に国際ルールの遵守を強く求めるとともに、協力できるところは協力する、それが日本外交のとるべき姿であり、日本の国益に適う道だと考えている。

台湾海峡――機微をわきまえること

そうした基本的な対中姿勢の下で、それでは台湾海峡に関して平和を作る外交という観点から何ができるか、あるいは何をしなくてはならないかを考えてみよう。

台湾海峡については、外交面では物事の重大性を理解し、主張すべきは明快に主張しつつ、軽率な発言は慎むことが大事である。そのことは日本自身についても当てはまるが、日本の同盟国、米国についても同様であり、米国が軽率な発言をしたりすれば、日本として米国に注意することも外交である。

ここでいう「物事の重大性」というのは中国にとっての台湾の持つ意味合いを指している。中国は台湾が中国の不可分の領土の一部であると主張してきており、中国にとっての核心的利益に関わることだとしている。日本は一九七二年、中華人民共和国との国交を樹立した際の日中共同声明において、台湾が中国の不可分の領土の一部であるという中国の立場を理解し、尊重すると表明している。同時に日本は中国に対し、台湾との両岸関係は平和的に解決すべきだと主張し続けてきている。アメリカも同様であり、中国の立場を受け止める（acknowledge）としている。この中国の基本的立場に鑑みれば、台湾の独立は絶対に認められないということになる。また、日米ともに、中華人民共和国政府が中国の唯一の合法政府だと認めており、台湾を国家としては認め得ない立場にある。

　この基本的な構図は遵守する必要があり、もし、台湾が独立という方向に舵を切れば、間違いなく、中国は武力でそれを阻止する行動に出ると考えられる。ロシアがウクライナのNATO加盟に動いた時に武力侵攻したのと同じような構図である。アメリカも、国務省の専門家などは正しく理解しており、アメリカは一つの中国を支持し、台湾の独立は賛成しない、との立場をとってきている。

　しかし、トランプ政権にあっては、アメリカの閣僚を台湾に派遣したことがあり、中国は「台湾を国家として扱っているのか、それは絶対に認められない」と強く反発した経緯がある。そして二〇二二年、ペロシ下院議長が台湾を訪問した時には、中国はさらに強烈に反発し、ミサイルを台湾海峡に発射する事態にまで発展した。この中国の反応は度を越したものと言えるが、中国からすれば、大統領継承順位第二位の下院議長の訪問を重大視したものと思われる。

　先に見た通り、バイデン大統領は四度にわたって、もし中国が台湾を武力攻撃すれば、アメリカが軍事的に介入すると述べたが、このバイデン発言も要注意である。「アメリカは従来からのあいまい戦略、すなわち中国が武力侵攻した場合、アメリカが軍事的に関与するか否かは明確にしない、という戦略を変更したのか」と大きな波紋を呼んだが、大統領発言の翌日には、ホワイトハウスが何事もなかったかのように、従来の立場に変わりはなく、アメリカは一つの中国を支持し、台湾の独立も支持しないと釈明した。しかし、台湾からすれば、アメリカの大統領が自分たちのことを守ってくれると受け止めても不思議ではない。そのようなメッセージが続けば、台湾国内の独立派が勢いを増すことが十分に想像される。

アメリカが実際に台湾を軍事的に守るというのであれば、一応筋が通ったことになるが、ウクライナの時と同様のことが台湾について起きれば大惨事となる。アメリカは米・ウクライナ憲章に署名し、ウクライナのNATO加盟を支持し、あたかも軍事的にも支援するといったメッセージを出しながら、ロシアが侵略すると、「アメリカは軍事的に介入しない」といった対応をとったのであった。

このように、アメリカが軽々に台湾問題で核心に触れる発言をしたりすると、重大な事態を招く恐れがあり、日本としては、アメリカに対して慎重な対応を取ることの重要性はアドバイスすべきである。

その上で、日本は中国に対して、台湾との関係では「平和的解決を行うべし」と繰り返し強調すべきである。中国が、これは中国の国内問題であり、外部の者が口出しすべきではない、と反発することは予想されるが、日本として中国への直言は重要である。

その一方で、台湾問題について、日本側で「台湾有事になれば、日本も参戦する」といったことは軽々に言うべきではない。日本やアメリカが台湾有事を触れ回り、軍事的にも関与するといった類の発言を繰り返せば、台湾の人々も日本やアメリカから軍事的支援を得られると受け止めても不思議ではない。そうして台湾独立派が勢力を増し、独立の動きが出れば、中国が軍事的行動に走る危険を増すことになるからである。もっとも、台湾の人々が一番慎重であり、独立の動きが強まれば、中国が武力侵攻してくることを強く警戒している。

台湾の人々を対中国姿勢によって分類するなら、現状維持派、独立派、中国との協調派の三種類に分けられるが、中国が香港の自治を認めない政策をとったことが、台湾の人々の対中国本土への感情を大きく変えた。今や、台湾の人々は自らを台湾人と考える人が圧倒的に多くなっており、また、若者の間では台湾独立を支持する人々が増えてきているが、全体としては、今なお現状維持派が多数を占めている。

台湾問題については、台湾有事などが起きないようにするための外交が全ての関係者に求められており、問題の機微をわきまえ行動する必要がある。

尖閣諸島及び東シナ海について

尖閣諸島への対応はすでに述べてきた通りであり、日本は海上保安庁の巡視船でしっかりと尖閣諸島を守り、中国に隙を与えないことが肝要である。外交的には、尖閣諸島は当然日本の固有の領土であり、中国から海警局の船舶が領海などに侵入してくる時には、厳しく抗議する姿勢を貫けばよい。

その上で、東シナ海全般につき、前述の通り、「東シナ海を平和・協力・友好の海にする」という二〇〇八年日中共同声明のメッセージを中国との間で確認しつつ、「二〇〇八年合意」の早期条約化に向けて最大限の努力を傾注するのが、日本外交にとって何より大事なことである。せっかく、安倍・習近平会談で「二〇〇八年合意」が蘇ったわけであり、この成果を条約化という果実にまとめ上げることこそ、日本外交の役割である。これが実現すれば、東シナ海がまさに平和の海に生まれ変わることが期待され、その過程で、尖閣諸島についても中国の動きが沈静化していくよう誘導するのが日本外交の腕の見せ所である。

対中経済外交――CPTPPを巧みに使え

中国は日本にとり最大の貿易相手国である。同時に、近年、経済安全保障の観点から中国との経済的な取引について慎重な対応が求められてきている。

アメリカでは中国がアメリカの技術を盗み、自国経済を巨大化させているという認識が広がり、先端技術分野での中国からアメリカへの投資を厳しく規制してきている。この結果、二〇一六年には六〇〇億ドル近くに上った中国からアメリカへの投資が、二〇一九年には激減した。その後、アメリカ政府によるファーウェイ（華為）全面排除の動きがあり、バイデン政権に入っても、中国とハイテク競争では厳しく向き合う姿勢が続いている。

そして二〇二二年十月、バイデン政権は半導体でさらなる中国締め出し政策を取った。それが、スーパーコンピューターや人工知能（AI）に使う先端半導体やその製造に必要な装置・技術の中国への輸出を禁止するというものだった。この政策は、一部の半導体製造装置でトップ企業である日本メーカーにも影響が及んだ。

このように、アメリカ政府は、先端半導体を中心とした先端技術分野で、中国とは「デカップリング（経済分断）」を行う政策を展開しているが、問題は、このような流れの中、日本が経済安全保障の面を含め中国とどう向き合っていくかである。日本政府は経済産業省を中心に経済安全保障の重要性を強調しており、二〇二三年七月には、先端半導体の製造装置などを輸出管理の規制対象に加え、事実上の中国向け輸出規制措置をとったが、対中経済関係においては、日本はしたたかに対応する必要がある。EU諸国の動きと歩調を合わせつつ、アメリカの虎の尾はふまず、しかし、大事な中国市場との付き合いは続けていくことが賢明な対応である。

すなわち、最先端の半導体及びその製造装置の中国への輸出は行わない、その一方で、その他の産品については中国とのビジネスは継続していくのが正解である。また、特定部品の取引を中国にだけ依存するのはリスクがあり、調達先の多様化は必要だが、それらはすでに多くの企業で対応済みであり、政府が旗を振るほどのこともない話である。

中国はまた、ＣＰＴＰＰ（環太平洋パートナーシップに関する包括的及び先進的な協定）への加入申請を行っている。これも日本から見れば、チャンスである。アメリカが抜けた後、ＣＰＴＰＰは日本が主導してまとめ上げたわけで、ＣＰＴＰＰのホスト役は日本である。そこへ中国が入りたいと、いわば頭を下げてきたわけである。これは中国にしては珍しいことである。

日本側では、ＣＰＴＰＰ加入要件である高度な自由化を中国がクリアーできるわけはないとして、中国の加入に慎重、あるいは否定的な意見が多いようだが、ここはもっと高度な外交を展開すべきではないか。日本として、中国と台湾からの加入申請を同時に認め、加入交渉に入るといった外交を展開してみてはどうだろうか。ＣＰＴＰＰ交渉の枠組みの下では、中国が台湾の加入にＮＯと言える立場にはない。台湾が加入するのなら中国は加入しない、というのであれば、それは致し方ないことである。日本として中国に無理に入ってほしいという立場にはない。しかし、入り口でNOというのはあまりに稚拙な外交である。入り口でYESと言い、しっかりと加入交渉をやればよい。中国が自由化での審査要件をクリアーできなければ、加入は認められず、審査要件をクリアーすれば加入を認めるだけだ。中国が入れば、CPTPPも中国主導になるのではないかと心配する人々もいるようだが、それはいかにも情けない話である。日本は生みの親として、堂々とCPTPPをリードすればよい。

日中間の信頼醸成を

日中外交で何より大事なことは、日中両国間の指導者及び外交当局者間の信頼を醸成する努力である。また、日中防衛当局間の対話も重要である。これは米中防衛当局間にもいえることだが、些細《ささい》な衝突が全面的な対立に発展しないよう、日頃から対話のチャネルを作っておくことが肝要である。日中間では、とりわけ指導者間の対話が重要となるが、それを実現するためには外交当局間の信頼関係を作り上げておくことが大事になる。

二〇二三年夏頃から、米中間では、日中間よりも一歩先をいく形でさまざまなレベルでの対話が始まり、十一月の米中首脳会談にこぎつけたが、会談すること、そして何より、中身のある対話をすることが大事である。日本もようやく、十一月の秋葉・王毅会談（秋葉国家安全保障局長と王毅外相の会談）から中身のある対話が始まったようであり、岸田・習近平会談も実現した。さらに日中韓首脳会談の実施などを通じて、信頼関係の構築を進め、間違っても軍事的な衝突などが起きないようにすることが死活的に重要である。

北朝鮮をめぐる外交

北朝鮮の核・ミサイル問題については、これまで述べてきたように、日本として、国際的な取り組みを通じ北朝鮮の非核化に向けた外交を展開する必要がある。

そのためには、北朝鮮の非核化のロードマップを描き、その実現のため、まずは米国、および韓国と立場の調整を図り、その上で、中国に働きかける外交を展開する必要がある。このような北朝鮮の非核化に向けての国際的な取り組みを行う一方で、日本は北朝鮮に対して直接働きかける外交も展開する必要がある。

北朝鮮との間では、日本にとって核・ミサイル問題と拉致問題があり、これらの課題を解決して平和条約を締結し、平和を構築するというプロセスが将来の課題として横たわっている。拉致問題に熱心であった安倍総理は「金正恩委員長と条件をつけずに向き合う」用意があると述べたが、北朝鮮側は「厚かましい」として対話を拒否し、日朝間の会談が実現することはなかった。岸田総理も拉致問題を念頭に、日本自身が主体的に取り組むことが重要との姿勢を示し、「条件をつけずに金正恩委員長と直接向き合う決意だ」と述べ、二〇二三年六月には「すべての拉致被害者の帰国を実現するため、首脳会談を早期に実現すべく、私直轄のハイレベル協議を行う努力を続ける」考えを明らかにした。これに対し、北朝鮮側は「拉致問題は解決済み」とする一方で、「もし日本が過去にとらわれず新たな決断を下し、関係改善の活路を模索しようとするなら両国が互いに会えない理由はない」と反応し、日本との対話に関心を示した。

総理自らが「総理直轄のハイレベル協議」という以上、何らかの準備が進んでいると見るのが外交上は常識であるが、その実態は不明である。日朝二国間の拉致問題を中心とした平和条約協議については、北朝鮮側は拉致問題は解決済みとの立場をとっているが、日本との話し合いに関心を示しているということは、それなりの準備はしているはずであり、強力に話し合いを追求する必要がある。その際、拉致問題解決を含む日朝間の交渉が進めば、日本からの経済協力の道が開けるとして、北朝鮮に希望を与え、同時にそのためには非核化交渉を進捗させる必要があると迫っていく必要がある。容易なことではないが、日本が北朝鮮との外交交渉で世界をリードする外交努力を期待したい。

「自由で開かれたインド太平洋」実現のための外交

「自由で開かれたインド太平洋」は、もともと、日本のリーダーシップで誕生した構想である。安倍総理が国際会議で提唱し、世界が認めた構想であり、日本外交の成果といえよう。その目指すところは、海洋の国際ルールが守られ、海洋を自由で開かれたものにすることにある。この構想は、中国が南シナ海でとった行動に端を発している。

南シナ海は、戦前の日本も深く関与した水域である。とりわけ関係国の間で大きな対立の場所となっている南沙諸島は、終戦までは新南群島と呼ばれ、日本の統治下にあった。戦後、中華民国が一九四七年に南沙諸島の領有を宣言し、現在でも最大の島、太平島は台湾が領有している。このほか、南沙諸島の島々について、中国、台湾の他、ベトナム、フィリピン、マレーシア、ブルネイが領有権をさまざまに主張してきている。その一方で、中国は一九五八年に「領海宣言」を行い、九カ所の段線を結ぶ「九段線」で囲む全ての水域、すなわち南シナ海全域を自国の海と宣言したのだった。そして中国はファイアリークロス礁、ミスチーフ礁など海洋の重要拠点となる地域を占拠していった。

この中国の動きに対し、フィリピンが二〇一三年一月に国連海洋法条約に基づき、国際仲裁裁判所に提訴、中国は提訴の無効を主張したが、二〇一六年七月、国際仲裁裁判所はフィリピンの訴えをほぼ全面的に認め、中国の主張する九段線には根拠がなく、ミスチーフ礁などでの中国の人工島建設を否定する裁定を行ったのだった。しかし中国は、この国際仲裁裁判所の裁定を「紙クズ」だと称し、全く受け入れない姿勢を示し、着々と南シナ海で人工島の建設、軍事目的の滑走路の建設などを進めてきている。

安倍総理が二〇一六年八月、第六回アフリカ開発会議（TICAD Ⅵ）の場で「自由で開かれたインド太平洋戦略（Free and Open Indo-Pacific Strategy）」を発表したのは、こうした中国による海洋ルールを無視した活動が念頭にあったからであり、中国に対して国際ルールを守るように迫り、自由で開かれた海を確保することを狙った国際的なイニシアティブであった。この日本の外交イニシアティブは素晴らしいものであった。その後「自由で開かれたインド太平洋」は世界的に受け入れられ、インド太平洋地域だけではなく、ヨーロッパ諸国も賛同する構想となっている。

バイデン政権はこの「自由で開かれたインド太平洋」構想を実現するための道具立てとして、クアッド・サミットを提唱し、サミット開催を主導してきた。クアッドとは日、米、豪、印の四カ国のことであり、民主主義国家である四カ国、しかもインドという大国を加えた仕組みがよいと考えたアメリカのアイデアである。

このクアッド・サミットは、これまで数次開催されてきたが、その目的が必ずしも明確ではなくなっている。米国ホワイトハウスの発表文を見ると、「クアッドの指導者は、インド太平洋の人々のため、地域の開発、安定、繁栄を支援することをコミットしている。それらは、インフラ、海洋の安全、官民のパートナーシップ、気候、健康、新たな技術、そして宇宙に関するイニシアティブを含むものだ」とされている。そして具体的な取り組みとして、海底ケーブルの敷設や新たな技術分野での協力などを挙げている。

これでは、日本が当初に提案した「自由で開かれたインド太平洋」構想とは少し趣《おもむき》が異なるものとなってきている。また、この四カ国の集まりは、地理的には、中国を囲い込む形になっており、中国も、新たな冷戦構造の取り組みだと批判を強めている。

日本外交としては、この「自由で開かれたインド太平洋」構想は、中国封じ込めを狙ったものではなく、あくまでインド太平洋を自由で、開かれたものとするためのものであり、具体的には、国連海洋法条約をはじめ、海洋の国際ルールが守られ、自由な航行を可能にすることを目的としたものだと、中国を含め、世界に明確に説明する必要がある。

また、この「自由で開かれたインド太平洋」構想の推進母体を日、米、豪、印の四カ国だとするクアッド・サミット戦略には賛成できない。インド洋と太平洋の要に位置するのがＡＳＥＡＮ諸国であり、日本はＡＳＥＡＮ諸国と共に「自由で開かれたインド太平洋」構想を推進すべきである。クアッド・サミットを強調するあまり、ＡＳＥＡＮ諸国を軽視することがあってはならない。

このことに関しては、二〇二三年五月のG7広島首脳コミュニケにおいて「我々は、自由で開かれたインド太平洋の重要性を改めて表明する。これは、包摂的で、繁栄し、安全で、法の支配に基づき、主権、領土の一体性、紛争の平和的解決を含む共有された原則、基本的自由及び人権を守るものである。（略）我々は、東南アジア諸国連合（ASEAN）及びその加盟国を含む地域のパートナーとの連携を強化するとの我々のコミットメントを強調する。我々は、ASEANの中心性・一体性に対する揺るぎない支持及び『インド太平洋に関するASEANアウトルック（AOIP）』に沿った協力を促進するとの我々のコミットメントを再確認する」と記述している。ここでは、あえてクアッドの言葉を使わず、ASEANの重要性を強調しており、議長国日本の外交的な配慮が見られ、評価できる点であった。

日本は、この「自由で開かれたインド太平洋」構想を旗印にして、中国に対し強力に国際ルールの遵守を求めていく必要がある。「東シナ海を平和・協力・友好の海にする」取り組みに加え、南シナ海についても、国際ルールが守られるよう、中国に働きかけていくことが重要である。そうした日本の外交こそASEAN諸国が期待しているものであり、その場合にはASEAN諸国が日本と共に中国と向き合うことが期待できるはずである。

東アジアの地域協力推進

平和を作る日本外交として、東アジアの地域協力の再活性化も重要である。

東アジアの地域協力は、一九九七年アジアの通貨危機を契機に始まった。マレーシアで第一回ＡＳＥＡＮ＋３（日中韓）首脳会議が開催され、このＡＳＥＡＮ＋３の枠組みで、通貨、金融だけではなく、貿易、投資、エネルギー、環境、さらには海賊対策やテロ対策など幅広い分野で地域協力を展開してきた。この取り組みを主導したのは日本であり、これまで毎年一回、首脳会議が開催されてきている。

また二〇〇五年には、ＡＳＥＡＮ＋３の一三カ国に加えて、インド、豪州、ニュージーランドの三カ国を加えた東アジアサミットの枠組みもスタートした。さらに、日中韓三カ国でも協力の枠組みを作ろうということになり、二〇〇八年、麻生首相の時代に第一回日中韓三カ国サミットが始まった。

貿易面での成果としては、地域的な包括的経済連携（ＲＣＥＰ）が二〇二二年に発効した。この経済連携は東アジアサミットの参加国の間で交渉がなされ、まとまったものである。ＲＣＥＰは中国が主役で、ＴＰＰと対立、ないし競合するような経済連携の枠組みだ、といった受け止め方が一部に見受けられたが、ＲＣＥＰにも日本が中心的メンバーとして加わっており、ＴＰＰと競合するものではない。

このように、過去二十数年にわたり東アジアでは、日本が主導し、地域協力の枠組みが作り上げられ、地域協力が進展してきた。このような地域協力の枠組みは、メンバー間の協力を促し、地域の平和と発展を促進するものとして期待されていた。しかし、二〇一〇年代に入り、中国の海洋での活動が周辺諸国との関係に軋轢《あつれき》を生むようになり、南シナ海でフィリピンやベトナムなどとの関係が悪化した。また、日中間でも尖閣問題などを巡り対立が激化し、さらには慰安婦問題などをめぐって日本と中国および韓国との関係が悪化するなどしたため、東アジアの地域協力の推進にブレーキがかかってしまった。今一度、東アジアの地域協力を、東アジアの平和、安定、繁栄を推進する仕組みとして再確認し再活性化させるべきである。

ＡＳＥＡＮ諸国は自らを地域協力の中核と位置付けている。今日、ＡＳＥＡＮ諸国にとり、中国が最大の貿易相手国であり、また、中国の巨大な軍事力に圧力を感じている。中国はＡＳＥＡＮの中でカンボジアやラオス、さらにはミャンマーなどの指導者との特別な関係を築き上げ、影響力を増してきている。しかし、これまで日本外交がＡＳＥＡＮ諸国との関係を重視し、協力関係を築いてきたことから、ＡＳＥＡＮ諸国の間では日本が最も信頼されている。日本と中国が対立し、どちらの側につくのかと問われることが一番困るというのがＡＳＥＡＮ諸国の偽らざる本音であり、日本が中国との一定の関係を築き上げながら、中国に国際ルールを守るように圧力をかけてほしいと期待している。

日本はこのようなＡＳＥＡＮ諸国の期待に応え、中国に対し国際ルールを守るように平和攻勢をかけつつ、ＡＳＥＡＮと共に東アジアの地域協力推進に強力に取り組むべきである。

日本のＯＤＡによる国際貢献

日本国内では、ＯＤＡの評判がよくない。ＯＤＡすなわち政府開発援助については、無駄が多いとの批判が多く、また、日本国内が困っている時に世界で気前よく援助のお金を出すのはおかしいといった声もよく聞かれる。ＯＤＡは本当に無駄なことなのだろうか。

日本は一九七〇年代以降、世界第二位の経済大国として開発途上国の経済開発を支援してきた。一九九〇年代には日本は世界第一位のＯＤＡ供与国家であった。

日本のＯＤＡは開発途上国の国作り、人作りに特化したものであり、米国が行うような軍事支援は行ってこなかった。日本からの専門家や若い海外協力隊員がアジアだけではなく、中東やアフリカ諸国などに派遣され、現地の人たちと一緒に汗をかきながら指導にあたってきた。一九八〇年代はアジアが中心だったが、一九九三年からはアフリカ開発会議（ＴＩＣＡＤ）をスタートさせ、アフリカ諸国の国作りにも力を入れてきた。日本の地道な取り組みは現地の人たちの信頼を勝ち取り、高く評価されてきている。

ＡＳＥＡＮ諸国の間で日本への信頼が最も高いのも、このような地道な取り組みの結果であり、アフリカ諸国からも日本は大いに期待されている。近年、中国のアフリカへの取り組みが目立っているが、中国の支援は金額が大きくとも、資源目当てであることが常であり、現地の人々の間では反発も聞かれる。

二〇〇八年、米国のオバマ政権は、アフガニスタンにおいてタリバンとの戦いを進めていて、欧州諸国もこれに加わり、国際治安支援部隊の間で戦死者も多く出していた。そうした時に米国から日本に対し、自衛隊のヘリコプター部隊の派遣要請がなされた。ヘリコプター部隊を出せば、撃ち落とされる危険が極めて高かった。私はこの時外務事務次官だったが、米国からの要請に対し、日本は、ヘリコプターは出せないが、日本が得意な形での民生支援をアフガニスタンで行うことにしたいと回答したのだった。具体的には、日本はこれまでもアフガンの地で五〇〇の学校を建て、一万人の教師を養成し、三〇万人の生徒に教育を与えてきた、また、五〇カ所にクリニックを作り、四〇〇〇万人分のワクチンを供与した、今後、こうした協力をさらに大幅に増大させることにしたい、それが日本の貢献だ、と回答したのだった。

これは「湾岸戦争の教訓」に学び、積極的に日本に何ができるかを提示したものである。前述した通り、湾岸戦争の時に、日本は自衛隊の派遣を要請されたが、自衛隊派遣を断り続け、財政支援のみで対応した。これが全く評価されず、痛い目に遭ったのである。

アフガン担当の米国のホルブルック特使は、こうした日本の民生分野での貢献を高く評価し、アフガン国際会議でも、フランスやドイツの貢献が十分でないとする一方で、日本はよくやってくれていると名指しで評価してくれたほどだった。そのフランスやドイツはかなりの死者を出していたが、それでもなお不足だと言われる中で、ＯＤＡを使った日本の民生支援については大いに評価してくれたのだった。

日本のＯＤＡ、それは経済大国となった日本の世界への貢献であり、国際社会から見れば、先進国の責務でもある。今、日本でもＳＤＧｓ、持続可能な開発目標には大きな関心が寄せられていて、一七色のバッジを付けている方も多い。ＳＤＧｓは、貧困に苦しんでいる地域で飢餓をなくし、教育を与え、保健・医療を与えることなどを主な目標としたものである。その前身は二〇〇〇年のＭＤＧｓ、ミレニアム開発目標であり、この時、日本を含めた先進諸国は国民総所得の〇・七％をＯＤＡとして供与することをコミットしている。このコミットメントは先進国の国際的な責務とされている。北欧諸国では、この目標を達成している国が多く、ＥＵ諸国もこの目標達成をメンバー国に義務付けており、ドイツは〇・七四％と目標をクリアーしている。

ところが日本は一九九〇年代、世界一のODA供与国であったが、その後、ODA予算が四〇%も減額され、今日、日本のODAは国民総所得の〇・七%目標に程遠く、〇・三四%である。防衛予算がNATO諸国並みのGDP比二%に増額すると決定されたが、世界的にはODAについて、世界の平和、人類の貧困との戦いにおいて極めて重要なものだと位置付けられており、この面でさらなる貢献をすることは、平和国家日本のまさに大きな責務である。またODAを通じ、世界で日本への理解国、友人を増やすことができれば、それは広い意味で日本の安全保障強化に役立つことだといえよう。

世界を分断する外交手法との決別を

バイデン政権は、民主主義と専制主義との戦いだとして、中国およびロシアに代表される専制主義国家との対決姿勢を強く打ち出してきた。日本としても、民主主義的な体制が世界で拡大していくことは望ましいことである。しかし、体制が違うからといって敵対するのは決して賢明なことではない。各々の国に歴史があり、いかなる政治体制を採用するかは当該の国が自ら決定するものである。日本がどの国と連携するか、その決め手は連携することが日本の国益に資するか否かであり、その際、相手国の政治体制は決定的な要因ではない。相手国の政治体制が異なっていても、その国との連携が日本の国益に資する場合はあるはずであり、そうであれば、冷徹な判断に基づき当該の国と連携するのは当然である。

また、世界を見渡すと、外交的に重要な国に専制主義体制の国家が多いのが今日の情勢である。そうした時に、バイデン政権のように、民主主義サミットを開催し、米国の定める基準に照らして民主主義国家か否かを色分けし、民主主義国家だと合格した国だけを民主主義サミットに招待するやり方は賢明な手法ではない。第一回民主主義サミットに招待されたのは一一一の国と地域だが、招待されなかった国を見ると、中国、ロシアだけではなく、アジアではタイ、シンガポール、ベトナムといった国々、中東でもイランはもちろん、トルコ、サウジアラビアなどが含まれている。まさに外交のヘビーウエイトが招待されなかった国々に名を連ねており、これでは米国がいかなる外交を展開しようとしているのか、疑問視せざるを得ない。

日本は米国に対して、こうした世界を分断するような政治手法は取るべきではないと友人としてアドバイスすべきである。少なくとも日本は、分断ではなく、包摂する外交を展開すべきである。日本は、米国が主導する民主主義サミット体制や共通の価値観外交ではなく、日本の国益を中心に置き、できるだけ幅広い国々との友好関係を築く外交を展開すべきである。

また、その際、体制が異なり、政治的にも対立しがちな国である中国との間でも、同じアジアの指導的な国家として一定の関係構築を図り、緊密な意思疎通を図るべきである。

日本にとり米国は唯一の同盟国であり、日米関係が日本外交の基軸であることに変わりはない。しかしだからといって、常に米国の言いなりになるということではない。日本と米国の見解が異なることがあっても自然なことである。そうした時、大事なことは日本の政策、考え方をロジックを持って米国に説明し、相手の理解を得るように努めることである。そして世界に対しても日本は平和国家として世界に貢献する国家であり、できるだけ幅広い国家と協力する国だという基本姿勢を明快に打ち出すことが重要である。

終章

一九二九年のパリ不戦条約は、甚大な被害をもたらした第一次世界大戦の教訓を踏まえ、「国際紛争解決のための手段として戦争を放棄すること」を明記したが、世界は第二次世界大戦へと突入してしまった。第二次世界大戦後、あらためて世界平和の仕組みを考え、作り上げられたのが国際連合であった。しかし、ロシアのウクライナ侵略により、国連が機能しない事態となり、世界の平和と安全を維持する仕組みが大きく揺らいでしまっている。そこに中東での凄まじい事件が勃発し、大勢の市民が殺害され、餓死状態にあり、人道的危機に見舞われている。

第二次世界大戦後、八十年近くの間、地域的な紛争や戦争はあっても、大破局を迎えることなく、曲がりなりにも平和が維持されてきた。しかし今、世界は再び大破局を迎えようとしているのかもしれない。日本の唯一の同盟国であり、世界の平和維持に大きな責任を有するはずのアメリカでは、再びトランプ大統領が誕生するかもしれない状況が生じており、国際ルールの遵守と国際協調の推進というG７が推し進めてきた国際政治のプラットフォームが音を立てて崩壊しようとしている。日本の近隣でも、国際ルールを無視し、力でゴリ押しする中国と、核開発とミサイル発射に邁進する北朝鮮があり、危機的状況が現出している。

世界的にみて、軍縮の時代は終わり、核兵器を含めた軍備拡張の時代に突入しようとしている。こうした事態を目の当たりにして、日本国内でも「日本に迫る侵略の脅威」が叫ばれ、日本として防衛力を抜本的に強化し、反撃能力を持たなくてはいけない、という声が大きくなり、誰もそれに反論できない状況が生じてきている。

私は、このような時代にあって、日本の安全保障を確かなものとするためには、①日米同盟が盤石だと中国、北朝鮮などに見せつけること、②防衛力を整備・強化すること、③それと並行して平和を作り出す外交を積極的に展開すべきであると考えており、その三本柱が必要不可欠だと本書でも論じてきた。このうち、防衛力の整備・強化については、金額ありきではなく、いかなる防衛力が必要かにつき、安全保障環境を踏まえ、十二分な検討を加えて実施すべきであることは当然である。

本書で指摘したとおり、岸田政権がロシアによるウクライナ侵略を呪文のように唱え、防衛費をNATO並みのGDP比二％にするという決定は妥当性を欠く。見直す必要があり、二〇二七年度以降の防衛力整備については、今後の安全保障環境の変化も十分に踏まえて真に必要なものを整備していくべきである。

日本の財政は巨額の債務を抱え、さらには少子化対策など喫緊の政策課題も山積している。私は、日本が抱える最大の安全保障上の危機は、実は、少子化にあると考えている。地方に行くと、老人ばかりで若者がいなくなった、という声をいつも聞かされ、日本の素晴らしい国土をどうやって守っていくのか、呆然と立ち尽くすことが多い。そして、中国などから土地を買い漁《あさ》る人がいっぱいやってくるのです、と聞かされると、なおさら日本の将来が不安になる。岸田政権は「異次元の少子化対策を実施する」と、掛け声は勇ましかったが、議論が始まると財源の壁が立ち塞《ふさ》がり、掛け声倒れになっていってしまっている。少子化問題は深刻な安全保障上の課題だということを強調しておきたい。

そして今、「空想的な平和主義」ではなく、現実に根ざした外交により、平和を維持する努力こそが、求められている。防衛力の整備・強化も戦争をするためではなく、戦争を防止し、侵略を抑止するためのものであることを肝に銘じる必要がある。

狂気が支配せんとしている世界にあって、日本はあくまで冷徹に国際情勢を見極め、研ぎ澄まされた眼で判断し、国益を増進しなくてはならない。そのための外交は、好き嫌いで判断するのではなく、客観的な状況判断に基づき推進する必要がある。中国は嫌いだ、といった客観性に欠く価値判断で外交を行うことがあってはならない。本書第七章で指摘した通り、日中間では、東シナ海を平和・協力・友好の海にするため努力することが申し合わされており、中国に厳しい目を向けてきた安倍総理も習近平国家主席との間で「二〇〇八年東シナ海油ガス田共同開発合意」を再確認し、中国と協力する姿勢を示していたが、これはまさに、好き嫌いではなく、冷徹な判断に基づく外交であった。中国に対しては、国際ルールを守れ、と叫びつつ、強力に平和攻勢をかけていくべきである。

世界が混沌とし、狂気が覆い始めた今の時代だからこそ、日本が世界に対し、平和の尊さ、核不拡散の重要性を訴え、核保有国、とりわけ中国に対して核軍拡ではなく、核軍縮に努力すべきだと厳しく迫る必要がある。平和外交と非核三原則に徹する日本が堂々と日本の理念を打ち出し、東アジアを中心に世界の平和を構築するリーダーとなることを期待したい。

基本文書集

パリ不戦条約、ケロッグ＝ブリアン条約

条約は前文と全三条からなるが、主たる条文は第一条と第二条である。第三条は批准手続きを定めている。

第一条　締約国ハ国際紛争解決ノ為戦争ニ訴フルコトヲ非トシ且其ノ相互関係ニ於テ国家ノ政策ノ手段トシテノ戦争ヲ抛棄《ほうき》スルコトヲ其ノ各自ノ人民ノ名ニ於テ厳粛ニ宣言ス

第二条　締約国ハ相互間ニ起ルコトアルベキ一切ノ紛争又ハ紛議ハ其ノ性質又ハ起因ノ如何ヲ問ハズ平和的手段ニ依ルノ外之ガ処理又ハ解決ヲ求メザルコトヲ約ス

国際連合憲章

第一章　目的及び原則

第一条

国際連合の目的は、次のとおりである。

1．国際の平和及び安全を維持すること。そのために、平和に対する脅威の防止及び

除去と侵略行為その他の平和の破壊の鎮圧とのため有効な集団的措置をとること並びに平和を破壊するに至る虞《おそれ》のある国際的の紛争又は事態の調整又は解決を平和的手段によって且つ正義及び国際法の原則に従って実現すること。

2．人民の同権及び自決の原則の尊重に基礎をおく諸国間の友好関係を発展させること並びに世界平和を強化するために他の適当な措置をとること。

3．経済的、社会的、文化的又は人道的性質を有する国際問題を解決することについて、並びに人種、性、言語又は宗教による差別なくすべての者のために人権及び基本的自由を尊重するように助長奨励することについて、国際協力を達成すること。

4．これらの共通の目的の達成に当って諸国の行動を調和するための中心となること。

第二条

この機構及びその加盟国は、第一条に掲げる目的を達成するに当っては、次の原則に従って行動しなければならない。

1．この機構は、そのすべての加盟国の主権平等の原則に基礎をおいている。

2．すべての加盟国は、加盟国の地位から生ずる権利及び利益を加盟国のすべてに保障するために、この憲章に従って負っている義務を誠実に履行しなければならない。

3. すべての加盟国は、その国際紛争を平和的手段によって国際の平和及び安全並びに正義を危くしないように解決しなければならない。

4. すべての加盟国は、その国際関係において、武力による威嚇又は武力の行使を、いかなる国の領土保全又は政治的独立に対するものも、また、国際連合の目的と両立しない他のいかなる方法によるものも慎まなければならない。

5. すべての加盟国は、国際連合がこの憲章に従ってとるいかなる行動についても国際連合にあらゆる援助を与え、且つ、国際連合の防止行動又は強制行動の対象となっているいかなる国に対しても援助の供与を慎まなければならない。

第四章　総会

【任務及び権限】

第十条

総会は、この憲章の範囲内にある問題若しくは事項又はこの憲章に規定する機関の権限及び任務に関する問題若《も》しくは事項を討議し、並びに、第十二条に規定する場合を除く外、このような問題又は事項について国際連合加盟国若しくは安全保障理事会又はこの両者に対して勧告をすることができる。

第十一条

1．総会は、国際の平和及び安全の維持についての協力に関する一般原則を、軍備縮小及び軍備規制を律する原則も含めて、審議し、並びにこのような原則について加盟国若しくは安全保障理事会又はこの両者に対して勧告をすることができる。

第五章　安全保障理事会

【構成】

第二十三条

1．安全保障理事会は、一五の国際連合加盟国で構成する。中華民国、フランス、ソヴィエト社会主義共和国連邦、グレート・ブリテン及び北部アイルランド連合王国及びアメリカ合衆国は、安全保障理事会の常任理事国となる。総会は、第一に国際の平和及び安全の維持とこの機構のその他の目的とに対する国際連合加盟国の貢献に、更に衡平な地理的分配に特に妥当な考慮を払って、安全保障理事会の非常任理事国となる他の一〇の国際連合加盟国を選挙する。

【任務及び権限】

第二十四条

1．国際連合の迅速且つ有効な行動を確保するために、国際連合加盟国は、国際の平和及び安全の維持に関する主要な責任を安全保障理事会に負わせるものとし、且つ、安全保障理事会がこの責任に基く義務を果すに当って加盟国に代って行動することに同意する。

【表決】

第二十七条

1．安全保障理事会の各理事国は、一個の投票権を有する。

2．手続事項に関する安全保障理事会の決定は、九理事国の賛成投票によって行われる。

3．その他のすべての事項に関する安全保障理事会の決定は、常任理事国の同意投票を含む九理事国の賛成投票によって行われる。但し、第六章及び第五十二条三に基く決定については、紛争当事国は、投票を棄権しなければならない。

第六章　紛争の平和的解決

第三十三条
1．いかなる紛争でもその継続が国際の平和及び安全の維持を危くする虞のあるものについては、その当事者は、まず第一に、交渉、審査、仲介、調停、仲裁裁判、司法的解決、地域的機関又は地域的取極の利用その他当事者が選ぶ平和的手段による解決を求めなければならない。
2．安全保障理事会は、必要と認めるときは、当事者に対して、その紛争を前記の手段によって解決するように要請する。

第七章　平和に対する脅威、平和の破壊及び侵略行為に関する行動

第三十九条
安全保障理事会は、平和に対する脅威、平和の破壊又は侵略行為の存在を決定し、並びに、国際の平和及び安全を維持し又は回復するために、勧告をし、又は第四十一条及び第四十二条に従っていかなる措置をとるかを決定する。

第四十一条
安全保障理事会は、その決定を実施するために、兵力の使用を伴わないいかなる措置を使用すべきかを決定することができ、且つ、この措置を適用するように国際連合加

盟国に要請することができる。この措置は、経済関係及び鉄道、航海、航空、郵便、電信、無線通信その他の運輸通信の手段の全部又は一部の中断並びに外交関係の断絶を含むことができる。

第四十二条

安全保障理事会は、第四十一条に定める措置では不充分であろうと認め、又は不充分なことが判明したと認めるときは、国際の平和及び安全の維持又は回復に必要な空軍、海軍又は陸軍の行動をとることができる。この行動は、国際連合加盟国の空軍、海軍又は陸軍による示威、封鎖その他の行動を含むことができる。

第五十一条

この憲章のいかなる規定も、国際連合加盟国に対して武力攻撃が発生した場合には、安全保障理事会が国際の平和及び安全の維持に必要な措置をとるまでの間、個別的又は集団的自衛の固有の権利を害するものではない。この自衛権の行使に当って加盟国がとった措置は、直ちに安全保障理事会に報告しなければならない。また、この措置は、安全保障理事会が国際の平和及び安全の維持又は回復のために必要と認める行動をいつでもとるこの憲章に基く権能及び責任に対しては、いかなる影響も及ぼすものではない。

日本国憲法

（略）日本国民は、恒久の平和を念願し、人間相互の関係を支配する崇高な理想を深く自覚するのであつて、平和を愛する諸国民の公正と信義に信頼して、われらの安全と生存を保持しようと決意した。われらは、平和を維持し、専制と隷従、圧迫と偏狭を地上から永遠に除去しようと努めてゐる国際社会において、名誉ある地位を占めたいと思ふ。われらは、全世界の国民が、ひとしく恐怖と欠乏から免かれ、平和のうちに生存する権利を有することを確認する。（略）

第二章　戦争の放棄

第九条　日本国民は、正義と秩序を基調とする国際平和を誠実に希求し、国権の発動たる戦争と、武力による威嚇又は武力の行使は、国際紛争を解決する手段としては、永久にこれを放棄する。

2　前項の目的を達するため、陸海空軍その他の戦力は、これを保持しない。国の交戦権は、これを認めない。

フランス憲法

（概要）

一七八九年のフランス人権宣言と一九四六年の第四共和国憲法、さらに二〇〇四年の『環境に関する憲章』（fr:Charte de l'environnement）を踏まえ、自由・平等・友愛の精神を謳い、また他国征服を目的とした戦争及び武力行使の禁止を定める。

イタリア憲法

第十一条（戦争の制限および国際平和の促進）

1　イタリアは、他人民の自由に対する攻撃の手段としての戦争及び国際紛争を解決する手段としての戦争を放棄する。国家間の平和と正義を保障する体制に必要ならば、他の国々と同等の条件の下で、主権の制限に同意する。この目的を持つ国際組織を促進し支援する。

【写真出所・提供元】
P22, P123　写真提供：AFP＝時事
P29, P45, P48　出所：国立国会図書館「近代日本人の肖像」
P38, P70, P178　出所：wikipedia
P103　出所：在ウクライナ米大使館ホームページ
P160, P162, P165　写真提供：時事

〈著者略歴〉
薮中三十二（やぶなか・みとじ）
元外務省事務次官。1948年大阪府生まれ。大阪大学法学部中退、米コーネル大学卒業。北米局課長時代に日米構造協議を担当。アジア大洋州局長として６ヶ国協議の日本代表を務め、北朝鮮の核や拉致問題の交渉にあたる。2008年には東シナ海油ガス田共同開発合意の成立に尽力。経済・政治担当外務審議官をへて、外務事務次官を2010年に退任し、顧問に就任。現在、大阪大学特任教授。グローバル寺子屋「薮中塾」で若者を指導。

装丁：津村正二

現実主義の
避戦論
戦争を回避する外交の力

2024年２月22日　第１版第１刷発行

著　　者　　薮　中　三　十　二
発 行 者　　永　田　貴　之
発 行 所　　株式会社ＰＨＰ研究所
東京本部　〒135-8137　江東区豊洲5-6-52
ビジネス・教養出版部　☎03-3520-9615（編集）
普及部　☎03-3520-9630（販売）
京都本部　〒601-8411　京都市南区西九条北ノ内町11
PHP INTERFACE　https://www.php.co.jp/

組　　版　　アイムデザイン株式会社
印 刷 所　　株式会社精興社
製 本 所　　東京美術紙工協業組合

 ISBN978-4-569-85658-2